August Wilhelm Knoch

Beiträge zur Insektengeschichte

Band I (1781)

bremen
university
press

August Wilhelm Knoch

Beiträge zur Insektengeschichte

Band I (1781)

ISBN/EAN: 9783955620066

Auflage: 1

Erscheinungsjahr: 2013

Erscheinungsort: Bremen, Deutschland

@ Bremen-university-press in Access Verlag GmbH, Fahrenheitstr. 1, 28359 Bremen. Alle Rechte beim Verlag und bei den jeweiligen Lizenzgebern.

Cover: Foto © AirBete (Wikipedia)

bremen
university
press

Beiträge

zur

Insektengeschichte

von

August Wilhelm Knoch.

I. Stück.

Leipzig
im Schwickertschen Verlage. 1781.

Εκ μερους γινωσκομεν.

An den Leser.

Der fast allgemeine Eifer, womit bisher die Naturgeschichte der Insekten in Teutschland und andern Ländern betrieben worden ist, hat mich verleitet, meine wenigen Kräfte zu versuchen, ob ich etwas Nüzliches darinn leisten könte.

Ich war in dem Umgange und durch die Wisbegierde einer mir anvertrauten Jugend bei manchen Spaziergängen sehr gereizt worden, diesem Theil der Naturgekunde einige meiner Nebenstunden zu widmen. Das unterhaltende Vergnügen, welches keine Untersuchung unbelohnt ließ, gewann durch jede neue Entdeckung und machte mich mit den mannigfaltigen und lehrreichen Kenntnissen der Natur immer vertrauter.

Hievon sind die gegenwärtigen Beiträge eine Folge. Kenner mögen über ihren Werth urtheilen; und ich werde ihr Urtheil bei der Fortsezung dieser Arbeit zu nuzen suchen.

*

Meine Absicht geht dahin, noch ganz unbe=
kannte Insekten zu beschreiben und abzubilden;
auch solche, die zwar schon bekannt, aber noch
gar nicht oder schlecht oder in denen Werken abge=
bildet sind, die man nur selten haben kan. Finde
ich gute Abbildungen von solchen Arten, deren
Geschichte noch unvollkommen oder nicht vorhan=
den ist: so werde ich nach meinem Vermögen solche
vollständig zu liefern oder ihre Lücken auszufüllen
suchen, ohne die Abbildungen zu wiederholen.
Eben diese Vollständigkeit werde ich auch meinen
eigenen noch unvollkommenen Beschreibungen
durch spätere Bemerkungen zu verschaffen bemüht
sein.

Je länger ich mich mit der Beobachtung der
Insekten beschäftiget habe, desto mehr bin ich über=
zeugt worden, wie viel auf eine genaue Bestim=
mung aller einzelnen Theile eines Insekts ankom=
me, um es von andern Geschlechten und Arten
unterscheiden zu können. Aus diesem Ge=
sichtspunkt habe ich meine Beschreibungen ge=
macht, welche vielleicht denen, deren Neugierde
mit dem Bilde und Namen eines Insekts schon
befriediget ist, nicht kurz genug vorkommen wer=
den.

Ob es nöthig sei, einer genauen Beschreibung
aller Insekten, die zu einem Geschlecht, zu einer
Familie gehören, noch Abbildungen in natürlichen
Farben an die Seite zu sezen, dieß wird sich, wie

ich glaube, am ehesten beurtheilen lassen, wenn
man die Schwirigkeit bedenkt, alle Schattirungen
der Farben durch Worte sinnlich zu machen, da
ihre Abwechselung so mannigfaltig ist, daß wir
nie fertig werden würden, für jede Mischung ein
neues Wort zu erfinden, dessen Sinn dem Wis=
begierigen verständlich wäre. Die von natürlichen
Dingen entlehnten Benennungen der Farben, ob
sie gleich vor allen den Vorzug verdienen, werden
wir hiezu doch nicht für hinlänglich halten können,
wenn wir sehen, wie die Schattirungen einer ein=
zigen Farbe fast ins Unendliche gehen und wie sel=
ten die Farben natürlicher Dinge in einem solchen
Grade beständig sind, wie sie es sein müßten, wenn
wir mit Gewißheit etwas darnach bestimmen woll=
ten. Würden wir, ohne die Farben der Insek=
ten zu Hülfe zu nehmen, an ihnen solche Kenn=
zeichen finden, wodurch eine jede Art von andern
genau zu unterscheiden wäre: so glaubte ich wohl,
daß wir der Abbildungen entbehren könten; wenn
sie nicht noch den Nuzen zugleich hätten, daß wir
durch das anschauende Erkenntniß ein weit größ=
sers Vergnügen empfänden, daß eben dadurch
dem Lernenden die Wissenschaft um sehr vieles
erleichtert und bei einer fast unnennbaren Menge
von Gegenständen dem Gedächtniß die meiste
Hülfe verschafft würde. Ich rede von solchen
Abbildungen, die der Natur getreu bleiben; denn
schlechte Bilder erregen mehr Verwirrung und
Dunkelheit, als daß sie den Gegenstand er=
leuchten.

So wenig ich daher eine gute Abbildung für
überflüßig halte, eben so wenig glaube ich auch,
daß neben derselben eine genaue Beschreibung der
Gestalt und Farbe eines Insekts überflüßig sei.
Denn es gibt gewiße Kennzeichen, die sich beßer
durch Worte bestimmen als abbilden, oft gar
nicht, oder nur alsdenn durch Abbildungen vor=
stellen laßen, wenn Vergrößerungen dabei zu Hülfe
genommen werden.

Die Beschreibung hat auch das für sich, daß
sie die Abänderungen in den Farben zugleich mit
angibt, und die Fehler des Künstlers, die bei
Werken von mittelmäßigen Aufwand, so selten
vermieden werden können, verbeßert. Es gibt
demnach Fälle, wo sich die Zeichnung und Mah=
lerei auf die Beschreibung stüzen muß, und an=
dre, wo diese ohne den Glanz von jenen nur dun=
kel und unvollkommen sein würde.

Die Größe des Insekts nach einer Maaße zu
bestimmen, sehe ich für ein sehr gutes Hülfsmit=
tel an, solches von andern der Farbe und Gestalt
nach mit ihm verwandten Arten zu unterscheiden.
Ich weis es wohl, was einige Naturforscher da=
gegen eingewandt haben, daß eine Gattung in
ihrer Größe oft sehr verschieden, und folglich die
davon gegebene Maaße nichts weniger, als zuver=
läßig wäre. Allein so gewiß dieß auch bei eini=
gen der Fall ist, so ist ers doch nicht überall.
Viele Arten sind sich in der Größe fast ohne Aus=

nahme gleich; oft iſt der Unterſchied auch ſo gering, daß, wenn andre Kennzeichen der Geſtalt und Farbe zutreffen, uns kein Zweifel übrig bleibt, daß wir dieſelbe Art von Inſekt vor uns haben; da uns hingegen, wenn auch Farbe und Geſtalt übereinſtimmen, bei Inſekten von ſehr verſchiedenen Größen, die Erfahrung bisweilen in Zweifel ſezt, ob wir dieſelbe für bloße Abänderungen halten dürfen. So viel glaube ich immer als wahr annehmen zu können, daß, wenn wir uns nur nicht zu ängſtlich an die Maaßen binden, wir dabei in Vergleichung ähnlicher Inſekten weniger in Gefahr ſind, Fehler zu begehen, als da, wo wir der Maaßen ganz entbehren müſſen. Aus dieſem Grunde werde ich jedesmal die Größe mit angeben, und wenn ich bei einer Art eine Verſchiedenheit ihrer Größe antreffe, allzeit eine mittlere wählen. Die Länge von den Flügeln der Schmetterlinge werde ich vom Rückenwinkel bis zur Spize und ihre Breite vom Vorder= bis zum Hinterwinkel nehmen und mich bei allen Maaßen der pariſer Zolle bedienen.

Faſt ein jedes Siſtem in der Inſektenlehre hat gewiſſe Vorzüge; aber auch ſeine Mängel. Es wird mir daher wohl nicht als ein Fehler angerechnet werden, wenn ich mich nicht an ein einziges ganz genau binde, und jedesmal demjenigen folge, welches meiner Erfahrung am meiſten entſpricht.

Weil manche Kunſtwörter von allen Naturforschern nicht in einerlei Bedeutung genommen werden: so halte ich es für nöthig, bei vorkommenden Fällen zu bestimmen, in welchem Verstande ich solche gebraucht habe; auch zu mehrerer Deutlichkeit einzelne Theile des Insekts vergrößert abzubilden.

Bei den Beschreibungen werde ich die Größe, Gestalt, Farbe, Geschichte, Lebensart, Kunst- und Erhaltungstriebe, Fortpflanzung u. s. f. so viel es sich thun läßt, allzeit besonders abhandeln, damit diejenigen Leser, welche nur den einen oder andern Artikel davon zu wissen wünschen, solchen desto leichter zu übersehen im Stande sind.

Denen, welche diese Beschreibungen in unsrer Sprache nicht lesen können und andern, die sie der Kürze wegen lieber in der lateinischen lesen mögen, habe ich, so viel es ohne Nachtheil der übrigen Leser geschehen konte, eine Gnüge zu leisten gesucht; indessen werden sie den angenehmsten und lehrreichsten Theil der Beschreibung, die Geschichte und Oekonomie, den Nuzen und Schaden eines Insekts verlieren, so oft ich etwas davon werde sagen können.

Diejenigen, welche die Beschreibungen mit den Abbildungen vergleichen wollen, werden selbige am besten verstehen, wenn sie das Bild in einer solchen Lage halten, daß sich der Rückenwinkel des Flügels oder die Einlenkung oben und

die demselben gegen überstehende oder äußere Seite
unten befinde.   Fehler, welche sich bei den Ab=
bildungen eingeschlichen, will ich durch die Be=
schreibung zu berichtigen suchen.

Viele Insektenfreunde richten ihr Augenmerk
besonders auf solche Stücke, welche die Natur
mit prächtigen Farben geschmückt hat.   Ich will
ihren Geschmack nicht tadeln; denn wen wird
nicht das Schöne in den Farben eines Schmetter=
lings, eines Käfers oder andern Insekts sogleich
einnehmen? So sehr ich nun auch geneigt bin,
dergleichen seltene Stücke bekannt zu machen: so
behalte ich mir dennoch vor, auch unansehnliche
und beim ersten Anblick fast nichts geachtete In=
sekten zu beschreiben und abzubilden, welche durch
einen vorhin noch unbekannten Kunsttrieb, eine
noch nicht wahrgenommene Veränderung ihrer
Theile, einen noch unbekannt gebliebenen Nuzen
oder Schaden meine Aufmerksamkeit vorzüglich
erregt haben.

Insekten von ihren Nahrungspflanzen einen
Namen zu geben, ist von großen Naturkündi=
gern empfohlen worden.   Es verdienen auch sol=
che Namen gewissermaaßen vor andern einen Vor=
zug, weil sie uns zugleich den Aufenthalt des In=
sekts anzeigen.   Wenn aber dabei der eigentliche
Endzweck verfehlt wird, indem man mehrern, die
von einer Pflanze leben, einerlei Namen beile=
gen muß: so weis ich nicht, ob jener Vorteil so

groß sei, als er beim ersten Anblick zu sein scheint. Diese Schwierigkeit hat mich wenigstens abgehalten, einige von mir bekannt gemachte Schmetterlinge nach den Nahrungspflanzen ihrer Raupen zu benennen.

Geschrieben im Kollegium Carolinum.

Braunschweig den 8. Hornung 1781.

Inhalt.

1. Beschreibung von einem grünen Spannmesser mit anderthalb weißen Streifen, Phal. Geom. Sesquistriataria.　　-　　　-　　　　-　　　Seite 1

2. Vom goldenen C. Phal. Noct. C. aureum.　　7

3. Vom Schwärzling, Phal. Geom. Melanaria Linn.　11

4. Von der Raupe des Punktstrichs, Ph. Geom. Punctaria Linn. deren Geschichte und Schmetterling.　　13

5. Von der Raupe der Beifußmotte, Phal. Geom. Innotata Hufnag. deren Geschichte und Schmetterling.　22

6. Von der Raupe des Wollträgers, Phal. Bomb. Eueria, deren Geschichte und Schmetterling.　26

7. Von der Raupe des weißen Schleiers, Phal. Geom. Albicillata Linn. deren Geschichte und Schmetterling.　　-　　　-　　　-　　40

8. Vom silberfleckichten Mönch, Phal. Noctua Argentea Hufnag. und dessen Puppe.　　-　　-　　45

9. Von der jungen Witwe, Phal. Bomb. Vidua.　48

10. Von der Raupe der Mooßmotte, Phal. Geom. Lichenaria Hufnag. deren Geschichte und Schmetterling.　　-　　　-　　　-　　49

11. Vom gekämmten Fühlhorn, Phal. Geom. Pectinataria.　　-　　-　　-　　-　　55

12. Von der Raupe des unähnlichen Weibchen, Phal. Noct. Dissimilis, deren Geschichte und Schmetterling.　　-　　-　　-　　57

13. Von der Sturmhaube, Phal. Noct. Domiduca Hufnag.　-　　-　　-　　-　　63

14. Von der Segelmotte, Phal. Bomb. Velitaris Hufnag.　-　　-　　-　　-　　66

15. Von der Perlmotte, Phal. Tin. Perlella Scopol.
Seite 68
16. Von der Fichtenmotte, Phal. Tin. Pinetella Linn. 69
17. Vom Pap. Silvius, Pap. Pl. Urb. Silvius. 71
18. Vom Pap. Arsilache, Pap. Nymph. Phal. Arsilache
Esp. - - - - 73
19. Vom Pap. Gelbauge, Pap. Pleb. Rur. Optilete. 76
20. Vom Rüsselkäfer überhaupt. - 78
21. Von der Weißstirn, Curculio Albinus Linn. 81
22. Von der Wolkendecke, Curc. Nebulosus Linn. 87.

I.

PHALAENA GEOMETRA SESQVISTRIATARIA.

Der grüne Spannmeſſer mit anderthalb weißen Streifen.

P. G. pectinicornis, ſpirilinguis, alis patentibus, ſubangulatis albo-virescentibus ſeu margaritaceis: ſuperioribus ſtrigis duabus albidis, inferioribus vna.

m. long. lin. 9¼ *lat.* 6.

Hufnagels Tabellen. Berliner Magazin 4. B. 5 St. S. 506. Nr. 4. Phalaena vernaria. Das weiße Band. Blaßgrün mit zwo weißen Querſtreifen durch die Oberund eine durch die Unterflügel.

Deſcr. Palpi compreſſi, Tab. 1. fig. 1. *Oculi* fuſci. *Antennae* pectinatae; ſpina albida, pectinibus pallide ferrugineis; foeminae ſetaceae albidae. *Thorax* lacteus. *Abdomen* eiusdem coloris; foeminae craſſius; maris ad latus criſtatum, ano barbato albo. *Pedes* ſupra ferruginei; tibiae ſpinoſae. *Alae* ſuperiores ad marginem anteriorem albeſcentes; puncto ferrugineo in apice; inferiores ſubemarginatae. Subtus omnes margaritaceae, totidem ſtrigis atque in pagina ſuperiori maxime obſoletis.

A

Die Größe des weiblichen Schmetterlings unter=
scheidet sich von der männlichen.   Der Oberflügel ist
beinahe 10½ Linie lang und 6¾ Lin. breit.

Die Augen dieser Phaläne sind groß, hervorste=
hend, von ganz dunkelbrauner schwärzlichter Farbe und
mit ziemlich vielen Haaren besetzt.   Die Fühlhörner ste=
hen auf einem rostfarbigen Grunde.   Bei dem Männ=
chen Tab. 1. Fig. 1. sind sie federförmig; der Rücken
ist weiß, und die Federn oder Kämme sind blaß rost=
farbig.   Das Weibchen hat weiße, borstenartige. Ein
ziemlich langer Rüssel ragt zwischen den äußersten En=
den der Bartspitzen hervor, welche kurz sind und unter
dem Rüssel dicht zusammen schließen.

Das Bruststück und der ganze übrige Leib ist perl=
farbig.   Das Männchen hat zu beiden Seiten an je=
dem Einschnitte einen kleinen Büschel Haare.   Ein
größrer Büschel von weißlicher Farbe bedeckt den After.

Die Füße sind auf der obern Seite blaß rostfarbig;
das Uebrige ist weiß.   Jeder Hinterfuß hat am Schen=
kel vier Dornen; die Mittelfüße haben nur zwo, und
die Vorderfüße gar keine.

Der Vorderrand der Oberflügel ist sehr wenig aus=
wärts gebogen; nur an dem Vorderwinkel bei dem
Männchen mehr gekrümmt, als bei dem Weibchen.
Der äußere Rand besteht aus zwo fast geraden Seiten,
welche etwas über die Mitte hinaus einen sehr stumpfen
Winkel machen.   Der Hinterrand ist beinahe gerade,
und biegt sich nur gegen den äußern Rand zu ein wenig
aufwärts.   Der äußere Rand der Unterflügel ist etwas
geschweift; die mittlere Schweifung steht im Winkel des
Flügels.   Der Hinterrand ist mit seinen Haaren besetzt,

und der Saum, so wie bei den Oberflügeln sehr
schmal.

Alle Flügel sind auf der Oberseite mit einem zarten
sehr blaßen Aepfelgrün gefärbt, welches sehr ins Weiß=
liche fällt. Bei dem Weibchen spielen sie in ein lieb=
liches Blau. Durch die Oberflügel gehen zwo weiße
fast gerade und nur gegen den Vorderrand etwas auf=
wärts gebogene Streifen, welche von einander beinahe
eben so weit, als von dem Rückenwinkel und äußern
Rande abstehen. Durch die Unterflügel geht eine ähn=
liche sehr wenig gebogene Streife, welche mit der un=
tern der Oberflügel in einer Linie liegt. Der Raum
zwischen den beiden Streifen der Oberflügel des Männ=
chens ist mit einem blaßen Hellbraun gemischt, am
stärksten nahe an den Streifen. Bei dem Weibchen
bemerkt man dies so sehr nicht. Der Vorderrand der
Ober= und Unterflügel ist grünlich weiß. Der Rücken
der erstern an der Einlenkung und die Spitze des Vor=
derwinkels ist rostfarbig. Auf der Unterseite haben die
Flügel eine schöne Perlfarbe; und ähnliche weiße Strei=
fen, wie auf der Oberseite, fallen sehr undeutlich in
die Augen.

Es ist mir noch eine Phaläne bekannt, deren Ge=
stalt und Farbe nicht im geringsten von den ißt beschrie=
benen abweicht. Sie unterscheidet sich bloß durch ihre
Größe. Die Länge des Oberflügels beträgt $7\frac{1}{2}$ Lin. die
Breite 5 Lin. In hiesiger Gegend ist sie noch nicht
gefunden worden. Sie findet sich in der Gegend von
Leipzig. Ob diese Art dort nicht so groß werde, als
bei uns, oder ob sie von verkümmerten Raupen gekom=
men, oder sich von der größern Art wirklich unterschei=

de, wird man am beſten zu beurteilen im Stande ſein,
wenn man ihre Raupe kennen lernt.

Geer a) beſchreibt eine Phaláne, welche er Phalene
paille nennt, auf eine Art, die es ſehr wahrſcheinlich
macht, daß es ein Schmetterling von der eben gedach-
ten kleinern Art ſei. Er ſagt: „Sie ſei von mittel-
mäßiger Größe; die Flügel wären ſowohl von oben als
unten von ſehr blaſſer und weißlicher ſtrohgelblicher Farbe; jeder Flügel habe gegen die Mitte der Oberſeite eine breite etwas dunkelgelbere ſtrohfärbige, an beiden
Seiten mit einem weißen Streife eingefaßte Querbinde.‟
Die angegebene Farbe der Flügel iſt freilich von der Un-
ſrigen verſchieden; allein es iſt bekannt genug, daß
Schmetterlinge von einem ſo zarten lieblichen Grün,
wie der von mir beſchriebene, das Schöne ihrer Farbe
in wenigen Tagen, worinn ſie der Luft und Sonne aus-
geſetzt ſind, ja oft in Zimmern in wohl verwahrten Käſt-
chen verlieren; und es läßt ſich daher leicht erklären,
warum Geer ſein gefundenes Exemplar nicht in natürlicher Schönheit und Vollkommenheit geſehen habe.
Ich will es indeſſen auch nicht mit Gewißheit ſagen, daß
ſolches mit der vorhingedachten die nämliche Art ſei.

Herr Schäffer b) hat eine ähnliche Phaláne abgebildet. Ich würde glauben, daß es diejenige ſei, wovon ich eben geredet habe, wenn der Umriß und die
Farbe der Flügel nicht etwas verſchieden wäre.

Die Phal. Vernaria, das weiße Band des Herrn
Hufnagels halte ich mit der Meinigen für einerlei Art.

a) Inſect. 2. B. 1. Th. S. 262. Nr. 1. t. **6.** f. 6. Ueberſ.
   v. Göze.
b) Icon. t. 122, f. 5.

Jene soll blaßgrün sein, zwo weiße Querstreifen auf den
Ober= und eine auf den Unterflügeln haben. Dieses
trift mit der Meinigen überein. Sie soll sich auf den
Eichen aufhalten. Die Pflanze, worauf ein Schmetterling gefunden wird, entscheidet freilich sehr wenig;
allein hier darf ich dieses Kennzeichen doch nicht aus der
Acht lassen; weil die Raupe, woraus ich den männlichen Schmetterling erhielt, auch auf der Eiche lebte,
und das Weibchen auf einem Eichbusch angetroffen wurde, da es noch nicht lange seine Puppenhülse verlassen
hatte. Die Zeit, worinn ich meine Phalänen erhielt,
und ihre Größe stimmt gleichfalls mit jenen vollkommen
überein. Gegen meine Meinung ließe sich vielleicht
noch einwenden, daß gedachter Schriftsteller in den Anmerkungen zu seinen Tabellen a) das Männchen sehr
klein beschrieben, und solches zu denen von der dritten
Größe gerechnet habe; aber der Herr von Rottemburg
hat in seinen vortreflichen Anmerkungen zu den Hufnagelischen Tabellen b) bereits angezeigt, daß das ver-
meinte Männchen eine ganz andre Art sei.

Phal. Geom. Vernaria des Linné c) unterscheidet sich
von der Hufnagelischen durch ihre Größe, Zeichnung,
Zeit, und ich kann noch hinzusetzen, auch durch ihre
Fühlhörner, wenn ich darinn nicht irre, daß die Huf-
nagelische mit der Meinigen die nämliche Art sei.
Geer d), Müller e) und Füeßlin f) haben die Linnei=

a) Berl. Mag. 4. B. 5. St S. 620. B.
b) Naturforscher 11. St. S. 65. Nr. 4.
c) Faun. Suec. ed. 2. n. 1227. Syst. Nat. ed. 12. p. 858. n. 195.
d) Insect. 2. B. 1. Th. S. 263. 264. t. 6. f. 8.
e) Zool. Dan. Prodr. p. 124. n. 1432.
f) Füeßlins Verzeichniß S. 39. n. 749.

sche beschrieben. Der Erste am genauesten. Nach
ihm ist diese Phaläne von der dritten Größe; alle Flügel haben auf der Oberseite zwo weiße, krumme, gewässerte Querlinien; die Fühlhörner sind etwas über die
Hälfte federförmig, das Uebrige bis ans Ende ist borstenartig. Hingegen die Hufnagelische Vernaria ist von
der ersten Größe; hat auf den Unterflügeln nur eine
weiße Querstreife, und ihre Fühlhörner sind bis zu Ende gekämmt. Sie zeigt sich auch selten und nur in frü-
hen Sommern, vor dem Ausgang des Heumonats; da
die Linneische gemeiniglich schon im Wonnemonat und
oft noch früher zu finden ist. Nach dem vor mir ha-
benden Exemplar finde ich die Beschreibung des
Geer sehr genau und richtig. Ob diese Phaläne
eben diejenige sei, welche Reaumur a) beschreibt, wie
Geer glaubt, möchte noch wohl einem Zweifel unterworfen sein; da dieser Schriftsteller nichts von den
weißen Querlinien auf den Flügeln erwehnt hat. Die
Theresianer haben solche auch nicht bei der Vernaria des
Linne', sondern bei der Viridata b) angezogen.

a) Tom. 2. Mem. 9. p. 367. 368. t. 29. f. 14 — 19. ed.
   in 4.
b) Syst. Verz. S. 97. Nr. 7. S. d. Anmerk.

2.

PHALAENA NOCTVA C AVREVM.
Das goldene C.

Ph. Noctua fpirilinguis criftata, alis deflexis: fuperioribus rubefcentibus fufco variis: maculis feptem
aureis, C aureo infcriptis.

Syftem. Verz. d. Schmet. d. W. G. Nachtrag zur Fam. Z.
S. 314. Reiche Eulen. Purpurbraune goldmakelichte
Eule. N. Bractea?

Defcr. Palpi Tab. 1. fig. 2. reflexi, dilatati, fufcī
albo punctati. *Oculi* fufci. *Antennae* fetaceae,
pilofae, fupra albefcentes. *Crifta* collaris fe-
miorbicularis colore pulicis infecta, margine
albefcens, dorfalis thoracis eiusdem coloris ter
arcuata; fupra abdominalis trifida, fufca. *Abdomen* undique grifeo-fufcum, nitidum, dorfo
criftatum, ano barbato. *Pedes* grifeo-fufci, tibiae fpinofae. *Alae* et magnitudine et habitu P.
Chryfitis. Superiores fupra colore pruni rube-
fcentis tinctae fufco-variae; macula in medio
verfus marginem anteriorem fere trigona et
reniformi fufca; quinque minoribus ac duabus
maioribus maculis aureis fufco micantibus praeter C aureum infignitae. Inferiores grifeae, nitidae; fafcia obfoleta, teftaceo fimbriatae.
Subtus omnes alae pallide ferrugineae, fafciis
obfoletis grifeis.

Die Bartſpitzen dieſer Phaläne Tab. 1. ſig. 2.
haben dieſelbe Geſtalt, wie die bei der Phal. Proboſci-
dalis Linn. auch über zwei Drittheil von deren Größe;
ſie ſtehen aber mehr aufwärts und etwas auseinander.
Die Augen ſind groß und braun.   Die Fühlhörner zeigen ſich borſtenartig; auf dem Rücken bräunlichweiß.
Durch die Lupe ſieht man zu beiden Seiten an jedem
Gliede ein borſtiges Härchen.

Der Halskragen iſt vorn halbkreisförmig, und hinten dreimal gebogen.   Er iſt flohfarbig und hat eine
weiße Einfaſſung.   Auf dem Rücken ſtehen drei Bü-
ſchel von kaffebrauner Farbe, wovon der Mittlere am
größten iſt.   Der Hinterleib iſt graubräunlich gefärbt,
glänzend, und hat einige braune Haarbüſchel.   Der
After iſt mit vielen Haaren bedeckt.   Die Füße ſind
graubräunlich.

Die Größe und der Umriß der Flügel kömmt mit
denen der Phal. Chryſitis überein; doch findet ſich bei
dieſer am äußern Rande nahe am Hinterwinkel der
Oberflügel eine zarte Ausſchweifung, welche die Unſrige
nicht hat.

Die Oberſeite der Oberflügel hat die Farbe röthli-
cher Pflaumen, die noch nicht ihre volle Reife haben.
Nicht weit vom Rückenwinkel ſteht ein dunkler kaffebrauner länglichter Fleck, und in demſelben ein goldener
Strich.   Dann gehen zwo zikzackichte Linien quer durch
die Flügel, welche an den Enden flohfarbig, und in
der Mitte braun ſind.   Hierauf folgen zunächſt dem
Vorderrande zwo kaffebraune Makeln, wovon die Er-
ſtere dreiſeitig, die Andere nierenförmig iſt.   Neben
der Erſteren liegt ein goldenes lateiniſches C, mit der

konveren Seite nach dem Hinterrande gerichtet, an welchem sich in der Mitte ein Goldfleck befindet, der wohl
zwo Quadratlinien enthält. Mitten durch denselben
schlängelt sich eine kaffebraune Linie bis an die Nierenmakel, wo sie einen Winkel macht, dessen andrer sehr
breiter Schenkel durch diese Makel bis an den Vorderrand geht. Von der untern Seite des Goldflecks ziehen sich zwo gewässerte dunkelvioletfarbige Linien nach
dem Vorderwinkel, biegen sich nicht weit davon hinauf-
wärts, und laufen am Vorderrande aus. Weiter nach
dem äußern Rande zu geht eine kaffebraune Ader quer
durch die Flügel, zwischen welcher und dem äußern
Rande in der Mitte die zwote große Goldmakel steht,
welche fast größer, als die Erstere ist. Am Vorderwinkel sieht man eine halbmondförmige goldene Makel
in der Größe eines Hirsekorns, und drei goldene Punkte auf der braunen Ader. Alle Goldflecke schillern ins
Braune. Die Oberseite der Unterflügel ist glänzend-
grau; der Saum ziegelfarbig. Auf der Unterseite laufen drei undeutliche graue Binden durch die blaßrostfar-
bigen Flügel.

Die Raupe dieses Schmetterlings hat eine große
Aehnlichkeit mit den Raupen der Ph. Chrysitis, Inter-
rogationis, Gamma, Festuca, Iota u. s. f. Ehe ich
dieselbe nicht genau habe unterscheiden gelernt, wage ich
es nicht, etwas davon bekant zu machen. Rösels
Beschreibung der Gammaraupe a) paßt so gut auf die
Raupe Ph. Chrysitis als der Iota. Gleiche Bewandniß
scheint es zu haben mit der Beschreibung der Raupe

a) Inf. Bel. T. 1. Cl. 3. Nr. 5. S. 21.

der P. Chryſitis a) und Ph. Iota b) im Naturforſcher.
Die Unterſcheidungszeichen der Erſtern treffen nicht bei
allen zu; und wenn ſie ſich auch dadurch von der Gammaraupe unterſchiede, ſo ließe ſie ſich doch noch ſehr
leicht mit den Uebrigen verwechſeln.   Die Andre ſoll
größtenteils ſchwarze Vorderfüße, und zween ſchwarze
Kopfſſtriche haben.   Ich bin weit entfernt, dieſes in
Zweifel zu ziehen, da es mir ſelbſt nicht unbekant iſt;
allein die Erfahrung hat mich gleichwohl gelehrt, daß
dieſe Phaläne auch von ſolchen Raupen gezogen werde,
welche ſo wenig ſchwarze Vorderfüße, als Striche am
Kopfe haben, und die ſich ſehr wenig von der Larve der
Chryſitis unterſcheiden.   Im vorigen Jahr, worinn
es in hieſiger Gegend eine unſägliche Menge von Gam-
maraupen gab, habe ich wohl fünf bis ſechs verſchiede-
ne Serten gefunden, und viele darunter mit ſchwarzen
Vorderfüßen und ſchwarzen Strichen am Kopfe; ich
habe ſie auch ſchon ſo früh als die ſpäten Raupen der
Chryſitis gehabt, welches ich von andern Jahren nicht
ſagen kann.

Um die Halbſpannraupen näher kennen zu lernen,
und ſolche Kennzeichen an ihnen zu entdecken, wodurch
ſie ſich beſtändig von einander unterſcheiden laſſen, dazu glaube ich, werden noch etliche Erfahrungen nöthig
ſein, auch von jeder Art viele Stücke erfodert; weil ſie
in ihren Zeichnungen nicht beſtändig ſind.   Sollten ſich
nicht noch andre zuverläßigere Kennzeichen finden, als
die Farbe?

a) Naturf. 6. St. S. 79. Nr. 4.
b) Naturf. 10. St. S. 93. 94.

3.

PHALAENA GEOMETRA MELANARIA.

Der Schwärzling.

mas. *long.* $5\frac{1}{2}$ *lat.* **6.**

LINN. S. N. ed. 12. Sp. 212. P. Geom. pectinicornis, alis
nigro-punctatis maculatis: anticis albidis; posterio-
ribus luteis.

Faun. Suec. 1240. ed. nov.

Müllers Naturſyſt. V. Th. p. 708. Sp. 212. Der Schwärzling.

CLERC. Phal. t. 4. f. 2.

UDDM. diff. 65.

FABR. Entom. p. 625. fp. 25. Phal. Melanaria. Linneiſche
Charaktere.

Deſcr. Palpi breues Tab. 1. fig. 3. *Lingua* nigri-
cans. *Oculi* fufci. *Caput* et *thorax* nigra, luteo-
punctata. *Abdomen* luteum nigro-maculatum.
Pedes fpinofi; lutei nigro-punctati. *Alae* rotundatae, crenatae: Superiores fupra albidae;
ordinibus fex tranfuerfis macularum atrarum;
macula maiori punctisque nigris inter ordinem
fecundum et tertium; ad marginem craffiorem
luteae nigro-punctatae; albido et nigro fimbriatae: Inferiores fupra luteae punctis maculisque
nigris quatuor feriebus tranfuerfim pofitis.
Omnes alae fubtus lutefcentes iisdem punctis
vt fupra ordinibusque macularum huc illuc con-
fluentium.

Die Bartspitzen dieses Schmetterlings sind sehr kurz und schwärzlich, so daß sie über den aufgerollten schwärzlichten Saugrüssel kaum herüberstehen. Die Augen sind dunkelbraun: die gekämmten Fühlhörner bei dem Männchen Tab. 1. fig. 3. schwarz; die weiblichen borstenartig, schwarz und gelbgefleckt.

Der Kopf und Rücken sind schwärzlicht und gelb punktirt; die Brust gelb. Der gelbe Hinterleib hat oben auf jedem Ringe einen schwärzlichten Fleck.

Die Schenkel der Hinterfüße haben zwei Paar Dornen; die mittlern nur ein Paar. Alle Füße sind gelb und haben schwärzlichte Flecken.

Die Flügel sind gerundet. Die Obern haben oben die Farbe von roher weißer Seide, und sehen sehr sammetartig aus; quer durch gehen sechs Reihen schwärzlichter Flecken, wovon immer zwo dicht aneinander stehen, und das Ansehen unterbrochener Binden haben. Die beiden untersten Reihen stehen von den mittlern nicht so weit ab, als diese von den beiden ersten, oder obern Reihen. Zwischen diesen und den Mittlern sind etliche schwarze Punkte, und am Vorderrande ist eine große fast runde schwärzlichte Makel. Der Vorderrand ist gelb, und mit schwarzen Flecken und Punkten bestreuet. Die fast unmerklichen Zähne am Saum sind schwarz. Die Oberseite der Unterflügel ist goldgelb und spielt in Pommeranzenfarbe. Außer den schwarzen Punkten, so sich am Rückenwinkel befinden, gehen quer durch dieselben vier Reihen großer und kleiner schwarzer Flecken, welche an die vier untersten Reihen der Oberflügel anstoßen; dieß zeigt sich aber in der Abbildung nicht so deutlich, als in der Natur. Bei dem weiblichen Schmetterling sind auf dem Oberflügeln sieben Reihen schwarzer Flecken, wovon in der Mitte drei beieinander stehen. Die Unterseite der Flügel ist blaßgelb; doch bei den Obern etwas blasser. Die schwarzen Punkte und Flecke zeigen sich hier in der nämlichen Ordnung, wie auf der Oberseite; sie sind aber größer und fließen hin und wieder in einander.

Dieser Schmetterling findet sich gemeiniglich im Brachmonat.

Die Theresianer a) haben bei der Ph. Geom. Macul. Linn. in der Anmerkung gefragt, ob die Ph. Melanaria nicht etwa nur eine Abänderung von dieser sein könnte? dieses gab die Veranlassung, jenen Schmetterling zu beschreiben und abzubilden.

4.

PHALAENA GEOMETRA PVNCTARIA.
Der Punktstrich.

foem. *long.* lin. 7. *lat.* 4⅔.

Linn. S. N. Ed. 12. Sp. 2co. P. Geom. pectinicornis, alis angulatis cinereo-grifefcentibus: ftriga ferruginea ordineque transuerfo punctorum atrorum
Faun. Suec. 1250.

Müllers Naturfyst. V. Th. p. 705. fp. 200. Der Punktstrich.

Clerc. Phal. t. 5. f. 11. Phal. Punctaria.

Reaum. Inf. 2. Mem. 9. p. 365: 366. t. 29. f. 1 — 4. ed. in 4.
Chénille arpenteufe verte du Chéne.

a) Syst. Verz. der Schm. d. W. G. S. 115. Nr. 13. S. d. Anm.

FABRIC. Entom. p. 620. Sp. 6. Phal. Punctaria. Linneiſche
    Charaktere.

MULLERI Faun. Fridr. p. 49. Sp. 429. Punctaria. Linn.
    Char.

—— Zool. Dan. Prodr. p. 125. n. 1437.

Syſtem. Verz. d. Schm. d. W. G. S. 107. Nr. 2. Der
    Eichenbuſchſpanner; Punctaria.

Beſchäftigungen der Berl. Geſ Naturf. Freunde. 3. B. S.
    34—36. t. 1. ſ. 4—5.

Hufnagels Tabellen. Berlin. Mag. 4. B. 5. St. S. 514.
    Nr. 18. P. Punctaria. Der Rothſtreif. Blaßgelb mit
    einem rothen Querſtreif und vielen rothen Punkten.
    S. d. Anmerk. S. 623. litt. H.

Deſcr. Larua Tab. 1. fig. 5. geometra aut pallide
    ceruina aut viridis; angulis ſex citrinis inferne
    mineis ad utrumque latus; pedes pectorales lon-
    gitudine valde diſpares; vngues omnium minei.

Palpi et *lingua* flaueſcentes.   *Oculi* fuſceſcentes.
    Antennae flauido-cinereae; maris pectinatae, api-
    ce ſetaceae, pectines piloſi;. foeminae Tab. 1.
    fig. 4. ſetaceae parum piloſae.   *Corpus* flaue-
    ſcens atro puluerulentum.   *Pedes* eiusdem co-
    loris, ſpinoſi.   *Alae* angulatae, ſupra flaueſcen-
    tes, ferrugineo ſeu mineo et atro puluerulentae;
    ſtriga ferruginea verſus marginem anteriorem
    nigro-cineraſcente; duplici ordine tranſuerſo
    punctorum atrorum.   Omnes alae ſubtus albo-
    flauidae, puluerulentae, ſtriga obſoleta, or-
    dineque punctorum in medio pone ſtrigam di-
    ſtincto.

Die Raupe dieses Schmetterlings Tab. 1. fig. 5.
ist ungefehr zehn Linien lang, bisweilen auch kürzer,
und eine Linie breit. Die Vorderseite des Kopfs ist
ganz platt und steht auf der Ebene, worauf die Raupe
ausgestreckt sitzt, senkrecht. Sie ist einem gleichseiti-
gen Dreieck sehr ähnlich, wovon die Grundlinie über der
Stirn liegt, und der, der Grundlinie gegen über stehen-
de Winkel am Maule ist. Reaumur hat die Gestalt
eines ähnlichen Raupenkopfs deutlich beschrieben und ge-
glaubt, daß man die Raupen, welche dergleichen haben, von andern dadurch unterscheiden könne a). An
jeder Seite des Kopfs finden sich, wie gewöhnlich sechs
Augen. Der Leib ist meist walzenförmig, doch auf
dem Rücken der beiden ersten Ringe sehr flach und am
Hintertheil abwachsend. Die Haut ist glatt und nur
mit wenigen feinen ohne Lupe nicht sichtbaren Härchen
besetzt. An den Brustfüßen hat sie mit einigen andern
Spanumessern, z. B. mit der P. Geom. Lunaria das
gemein, daß das zweite Paar noch einmal so lang ist,
wie das erste, und das dritte Paar solche wohl dreimal
an Größe übertrifft. Die beiden Bauchfüße sind nach
der Größe der Raupe auch sehr lang und stark. Die
Nachschieber stehen verhältnißmäßig weit auseinander,
und zwischen ihnen scheint ein Stück vom Hintertheil
ausgekerbt zu seyn.

a) Inf. II. Mem. 9. p. 359. ed. in 4. D'autres ont le devant de la tête plat, leur tête semble faite d'une pors
tion d'une espece de disque assés mince, dont un de-
plans fait le devant de la tête et l'autre en fait le der-
riére, de façon que ces deux plans sont perpendiculai-
res à celui sur lequel la chenille est étenduë. Ces sor-
tes de têtes tiennent plus de celles des hommes que
celles des quadrupedes.

Die Grundfarbe ist bisweilen ein blaßes Rehfahl, wie in unsrer Figur, öftrer ein zartes gelbliches Grün, a) auch wohl ein schönes Sittichgrün. Bei der von der ersten Farbe, geht vom Maule an nach der Mitte der Stirn hinauf über dem ganzen Rücken bis zu Ende der Nachschieber, eine hellbraune Linie, welche aber nur am Kopfe, der drei ersten und zween lezten Ringen deutlich in die Augen fällt. Auf dem vierten und folgenden fünf Ringen steht an jeder Seite ein spitzer Winkel, wovon die Spitzen nach dem Hintertheil gerichtet, die beiden Schenkel dunkel rehfahl, an der konkaven oder innern Seite scharf, und an der konvexen vertrieben sind. Der Raum, welchen der Winkel einschließt, ist zitronengelb; zwischen seiner weitesten Oefnung steht ein mennigrother Fleck, der bei dem siebenten und folgenden zween Ringen zu einer geraden Linie wird, welche mit den beiden Seiten des Winkels ein Dreieck bezeichnet. Neben der braunen in der Mitte des Kopfs hinaufgehenden Linie, zieht sich zu beiden Seiten eine zitronengelbe über die Stirn und drei ersten Ringe, und verliert sich in der gelben Farbe des ersten Winkels. Die Füße sind mit dem Leibe gleichgefärbt; die Klauen sind mennigroth.

Eine ähnliche Zeichnung findet sich auch an denen Raupen, deren Grundfarbe grün ist; nur mit dem Unterschied, daß die Schenkel, oder Seiten der Winkel an beiden Seiten der Raupe nicht rehfahl, sondern etwas dunkler grün sind.

Diese Raupenart lebt auf der Eiche, und ist bisher

a) Hufnagels Tab. a. a. O.

wenigstens von denen, welche sie entdeckt haben, auf keiner andern Pflanze gefunden worden.

Man trift sie gewöhnlich in der abgebildeten Stellung an. Sie krümmt den Rücken sehr stark, biegt den Kopf aufwärts, und macht am dritten Ringe einen beinahe geraden Winkel. Die Brustfüße hält sie nicht dichte am Leibe, wie viele andre Spannraupen zu thun pflegen, sondern läßt sie herunter hängen.

Sie findet sich gemeiniglich im Jahr zweimal schon erwachsen, zuerst in der Mitte oder gegen Ende des Heumonats, zum andernmal im Erntemonat oder im Anfange des Herbstmonats, in welchen Monaten sie auch ihre Raupenhaut abzulegen pflegt.

Wenn die Raupe dieser Zeit nahe ist, enthält sie sich des Fressens, und bespinnt mit ihrer Seide auf dem Stengel eines Blattes einen Raum, der etwas größer ist, als die Puppe, welche darauf liegen soll. Alsdenn heftet sie den Hintertheil an der gesponnenen Seide fest, und zieht nach Art einiger Papilionsraupen über den Leib einen Faden, welcher zu beiden Seiten an der Seide befestiget ist. Reaumür sagt: die Seinige habe sich am Deckel einer Büchse horizontal gehängt. Herr Hufnagel hat sie gemeiniglich in der Lage bemerkt, daß das stumpfe Ende der Puppe in die Höhe gestanden. Die Meinigen hingen sich allezeit auf der Oberseite des Blatts so an, daß das stumpfe Ende der Puppe nach dem Stiele des Blatts gerichtet war.

Der besondern Gestalt der Puppe ist schon von verschiedenen Schriftstellern gedacht worden. Damit man aber hier alles beisammen finde, was zur Geschichte dieses Schmetterlings gehört, so will ich außer dem, was

B

bereits gesagt ist, auch dasjenige mit anführen, was
andre nicht erwehnt haben.

Die Puppen von beiden vorhin beschriebenen Raupen haben einerlei Gestalt Tab. I. fig. 6. Sie sind
länglich schmal und in der Mitte etwas dicker, wie an
der Scheitel.   Diese, welche bei den Phalänen gemeiniglich gerundet ist, zeigt sich hier platt, und hat, wie
der Kopf der Raupe, viel Aehnlichkeit mit einem gleich-
seitigen Dreieck.   Die obersten Enden der beiden Flügeldecken ragen etwas über diese Platte hervor, und machen gleichsam die Spitzen von den Winkeln aus, welche an der Grundlinie des Dreiecks liegen.   Das Gesicht, welches dieser Grundlinie gegen über steht, gibt
den dritten aber einen etwas gebrochenen Winkel ab.
Reaumür sagt: der Umriß der Platte sei oval, und
an jeder Seite dieses Ovals finde sich eine kleine Erha-
benheit.   Der Rand der Flügeldecken ist am Rücken bis
zur Scheitel hinauf sehr hervorstehend, und geht mit
solchem nicht, wie bei den Phalänen gewöhnlich, in
einer Rundung fort.

An der Schwanzspitze finden sich sehr kleine rothe
Häkchen, deren Spitze kolbenförmig ist; sie sind aber
in der Seide so verwickelt, daß man sie mit einiger
Mühe suchen muß.   An einer Puppe bemerkte ich deswegen nur drei.   An einer andern konnte ich fünfe mit
Nr. 2. ganz deutlich erkennen.   Herr Doct. Kühn gibt
nur vier an, vielleicht aus dem angezeigten Grunde.

In der Farbe und Zeichnung weichen diese Puppen
sehr voneinander ab.   Die von der blaßrehfahlen Raupe
ist auf dem Rücken, am Scheitel und an den Ringen
röthlich, beinahe fleischfarbig.   Die Flügeldecken sind

ganz blaßgelb und haben långſt durchgehende röthliche
Streifen. Mitten über dem Rücken und am Hinterrande der beiden Flügeldecken laufen drei blaßgelbe Linien långſt der Puppe bis zur Schwanzſpitze. Auf den
Flügeldecken ſelbſt zieht ohnweit dem Hinterrande eine
braune Linie herunter. Zwiſchen den beiden Augenfut-
teralen ſtehen drei dunkelbraune Punkte, wovon Reaumür ſagt: daß ſie eine Art von Geſicht bezeichneten.
Auf dem Rücken finden ſich am Kopfe und in der Mitte eines jeden Ringes vier dergleichen Punkte, welche
in einem Viereck ſtehen. Auch iſt der Scheitel und
ganze Rücken mit mehrern ſolchen Punkten ebenmåßig
geziert, welche alle zu beſchreiben, ermüden würde.
Die Puppe von der grünen Raupe iſt grün; der Strich
auf den Flügeldecken dunkelbraun; der Saum derſelben
und die Punkte auf dem Rücken gelblich weiß.

Von den Raupen, welche bei mir im Heumonat
die lezte Haut ablegten, erhielt ich den Schmetterling
binnen vierzehn Tagen. Diejenigen aber, welche ſich
gegen den Herbſt verpuppt hatten, kamen erſt am Ende
des Wonnemonats im folgenden Jahre aus.

Der Schmetterling Tab. I. fig. 4. hat einen blaß-
gelblichen Rüſſel und eben ſolche Bartſpitzen. Die Augen ſind bräunlich. Die Fühlhörner des Månnchen
ſind von der Wurzel des Stamms an bis etwas über
die Hälfte gekämmt, der übrige Theil bis zur Spitze iſt
borſtenartig, und an jedem Gelenke nur mit zwei ſehr
kurzen Härchen beſezt. An den Gelenken des untern
Theils aber zeigt ſich zu beiden Seiten ein langes Haar,
welches auf der nach der Spitze des Fühlhorns hingerich-
teten Seite, mit ſehr feinen kurzen dicht aneinander ſte-

henden Härchen gebärtet, und an seiner Spitze mit zwei
oder drei etwas längern, dickern und steifern Haaren
versehen ist.   Reaumur a) hat ein ähnliches Fühlhorn
beschrieben und vergrößert abgebildet.   Die Fühlhörner
des weiblichen Schmetterlings sind borstengleich; denn
ohne Hülfe einer guten Lupe kann man die ganz feinen
Härchen nicht erkennen, welche sich an jedem Gelenke
des ganzen Fühlhorns befinden.   Sie sind so, wie die
männlichen Fühlhörner gelbgefärbt und mit schwärzlicht
aschfarbenen Punkten bestreuet.   Der Kopf und Rumpf
ist von gleicher Farbe.

Der Grund von der Oberseite der Oberflügel fällt
in eine weißlich gelbe Lederfarbe; bey den Unterflügeln
ist er noch stärker mit Weiß gemischt.   Jene sind in
der Mitte und am Hinterrande mit sehr vielen rostfar=
bigen, oder bei einigen Exemplaren, mennigrothen
Punkten; am vordern und äußern Rande aber, so wie
die Unterflügel, mit schwärzlicht aschfarbenen Punkten
bestreuet.   Diese Punkte häufen sich in der Mitte der
Flügel und machen eine Streife aus, welche so, wie es
die Farbe der Punkte mit sich bringt, am Hinterrande
der Oberflügel rosifarbig, am Vorderrande und auf den
Unterflügeln schwärzlicht ist.   Ueber und unter dieser
Streife findet sich auf allen Flügeln eine Reihe schwar=
zer Punkte.   Am Saum ist eine unterbrochene oder
punktirte schwärzlichte Linie.

Die Unterseite aller Flügel ist gelblich weiß mit
schwarzen Punkten bestreuet; sie hat eine schwärzlichte
Streife und unter derselben eine Reihe schwarzer Punkte.

a) Inf. T. 2. Mem. 9. p. 367. t. 29. f. 14.

Bei einigen Abänderungen dieses Schmetterlings sind die Punkte auf der Oberseite der Unterflügel roth, und folglich die Streife auch), welche aus diesen Punkten besteht. Daher kömmts, daß die Unterflügel oft mehr röthlich als gelblichweiß scheinen. Andre kleine Abweichungen übergehe ich.

Daß diese Phaläne eben diejenige sei, welcher Linné den Namen Punctaria gegeben, erhellet sowohl aus ihrer völligen Gleichheit mit der Abbildung des Clerc, den er anzieht, als auch aus seiner Beschreibung selbst. Eben so wenig wird es einem Zweifel unterworfen sein, daß Reaumür unter derjenigen Phaläne, deren Raupe er Chenille arpenteuse verte du Chêne nennt, keine andre als die Unsrige gemeint habe. Gleichwohl aber ist es sehr auffallend, daß Linné diesen Schriftsteller bei der P. Amataria angeführt hat. Allein, wenn man beider Beschreibungen genau zusammenhält: so fällt diese Schwierigkeit weg, die ohnehin durch die Erfahrung andrer Naturforscher schon gehoben worden ist a).

Geer hat die erwehnte Phaläne des Reaumür bei der Phalene à crisali de' suspenduë angezogen; aber es auch selbst angemerkt, daß die Seinige eine andre Art sei, weil bei dieser die Bärte der Fühlhörner bis ans Ende gehen. Er erwehnt auch nicht der durch alle Flügel laufenden Streife; hingegen bemerkt er auf jedem Flügel einen kleinen braunröthlichen Zirkel mit einem weißen Mittelpunkt, dessen Reaumür gar nicht gedacht hat.

a) Syst. Verz. d. Schm. d. W. G. S. 103. fam. J. Nr. 9. S. die Linn.

b) Inf. 2. T. 1. Th. S. 252. Nr. 2. 3.

5.

PHALAENA GEOMETRA INNOTATA.

Die Beifußmotte.

Ph. Geometra feticornis, alis patentibus, lanceo‑
latis, fufco grifeis: anticis fafciis duabus quadrilinea‑
tis nigris vndatis puncto nigro.

long. lin. 6. *lat.* $\frac{3}{4}$.

Hufnagels Tabellen. Berliner Magazin 4. B. 6. St. S.
616. Nr. 95. Phal. innotata die Beifußmotte. Dun‑
kelgrau, mit einem schwarzen Punkt in der Mitte der
Oberflügel, die Flügel ziemlich lang.

v. Rottemburgs Anmerk. Naturforscher 11. St. S. 87.
Nr. 95.

Defcr. Larua geometra Tab. I. fig. 7. nuda, viri‑
dis linea cochlide laterali alba maculisque ru‑
bris adiectis.

Palpi phal. Tab. I. fig. 8. porrecti obtufi et oculi
grifei. *Antennae* fetaceae fubpilofae. *Corpus*
grifeum. *Pedes* grifei; tibiae fpinofae. *Alae*
fufco ‑ grifeae; fuperiores fupra ad bafim et in
medio fafcia quadrilineata tranfuerfa vndata in‑
terrupta nigricante; ad marginem exteriorem
lineola albefcente tranfuerfim vndulata, puncto
atro. Inferiores fupra ad latus tenuius vndulis
tranfuerfis obfoletis. Subtus omnes grifeae,
ftrigis obfcurioribus interruptis.

Die Raupen von diefer Phaläne Tab. I. fig. 7.
kommen fich an Größe ziemlich gleich, und find fel‑

ten über acht Linien lang und ⅓ Linie dick.   Der ganze
Körper ist walzenförmig und nur am Hintertheil etwas
verjüngt.   Der Kopf ist vorn meist platt, und macht
mit der Ebene, worauf die Raupe sitzt, beinahe einen
geraden Winkel; auch ist er unter dem ersten Ringe so
versteckt, daß man ihn ohne Vergrößerung kaum daran
unterscheiden kann.   Die Brustfüße liegen meistentheils
dichte am Leibe.

Die Grundfarbe ist ein schönes Sittichgrün. Vom
Kopfe bis zu Ende der Schwanzklappe zieht sich längst
den beiden Seiten eine weiße geschwungene Linie hinun-
ter, welche an dem vierten und folgenden fünf Ringen
fast aussieht, wie ein glatter Schneckenzug, womit man
die Kranzleisten verziert, oder als der äußere Rand einer längst aufgeschliffenen Sternspindel.   Auf jedem
dieser Ringe steht dichte unter der Linie ein hellbräunlich-
rother Fleck.   Von eben der Farbe sind auch die Lippen
und Freßspitzen, desgleichen eine feine etwas gebogene
Linie am Kopf und den drei ersten Ringen über der
weißen Linie und ein Punkt im weißen Grunde, gerade
über den Bauchfüßen, von welchen noch ein gleichge-
färbtes gerades Strichelchen unter der weißen Linie fortgeht.   Längst dem Unterleibe befindet sich ein grüner etwas abstechender Strich.

Bisweilen findet man auch Räupchen von dieser
Art, die eine hellbraune Grundfarbe, aber doch die nämliche Zeichnung haben.

Sie leben von den Blumenknöspchen der Wermuth
(artemisia absinthii) auch vom Beifuß (artemisia vulgaris),
an welchen Pflanzen man sie mit einiger Mühe suchen
muß, weil sie nicht leicht in die Augen fallen.

Sie bewegen sich nicht viel, und haben in der Ruhe gewöhnlich diejenige Stellung, worinn sie abgebildet worden.

Im Herbstmonat legen sie die Raupenhaut ab, wenn sie zuvor die umherliegende Erde, an deren Oberfläche sie sich verpuppen, mit wenigen Fäden aneinander gehängt haben.

Das Püppchen Tab. I. fig. 9. ist etwa vier Linien lang und ⅔ Lin. dick. Die Rückenseite ist an beiden Enden sehr stark abgerundet, Kahnförmig, und die Flügeldecken liegen an derselben etwas erhaben, welche nebst dem Scheitel eben so grün, wie die Raupe sind. Das Gesicht und die Fühlhörnerfutterale fallen ein wenig ins Gelbliche. Die übrigen Theile sind gelblichbraun; die Einschnitte dunkler.

Der Schmetterling Tab. I. fig. 8. kömmt ungefehr in der Mitte des Heumonats des folgenden Jahres aus. Seine stumpfen grauen Bartspitzen stehen an beiden Seiten des aufgerollten Saugrüssels voraus. Die Augen fallen ins Schwärzlichte. An den grauen Fühlhörnern sieht man durch eine gute Lupe ganz feine Härchen. Der Kopf, Rücken, Hinterleib und die dornichten Füße sind grau.

Die Oberflügel sind lanzetförmig. Ihre Grundfarbe auf der Oberseite ist grau ins Bräunliche gemischt; bei einigen aber ist sie mehr braun und spielt nur sehr wenig ins Graue. Nicht weit vom Rückenwinkel und in der Mitte quer durch die Flügel gehen vier feine schwärzlichte zickzackichte Linien, welche hin und wieder unterbrochen sind, zusammen aber zwo Binden ausmachen. Ueber der mittlern Binde steht, etwas über die

Mitte hinaus näher am Vorrande ein schwarzer Punkt.
Nicht weit vom äußern Rande läuft eine grauweißliche
zikzackichte Linie quer durch die Flügel. Diejenigen Exemplare, deren Flügel mehr braun als grau sind, haben
die zwo Binden nicht, sondern am Vorderrande nur einen schwarzen Punkt. Die Oberseite der Unterflügel
ist ein helles mit sehr wenig Braun gemischtes Grau.
Am Hinterrande sind viele undeutliche wellenförmige Linien, welche sich in der Mitte des Flügels endigen. Die
hellgraue Unterseite der Flügel hat einige undeutliche
gewässerte Linien, die nur am Vorderrande der Oberflügel sichtbarer sind.

Ob die itzt beschriebene Phaläne eben diejenige sei,
welche die Theresianer unter dem Namen Wermuthspan-
ner Geom. Minutata a) angeführt haben, läßt sich deswegen nicht wohl bestimmen, weil es verschiedene kleine
Spannarten giebt, die beinahe die nämliche Zeichnung
haben. Dieses habe ich durch etliche Erfahrungen bestätiget gefunden, und gedachte Schriftsteller sagen es
ebenfalls. So ähnlich sich indessen diese Schmetterlinge in der Farbe und Zeichnung sind; so läßt sich doch
immer ein Unterschied an ihnen wahrnehmen, wenn
man auf alle ihre Theile genau Achtung giebt. Einige
haben gar keine Härchen an den Fühlhörnern; bei andern sind die Augen nicht von derselben Farbe. Die
Unterseite der Flügel und die Füße sind oft auch anders
gefärbt. Fast alle, welche aus verschiedenen Raupen
kommen, haben einen andern Umriß der Flügel. Dieses leztere ist bei den verschiedenen ähnlichen Arten, wel-

a) Syst. Verz. d. W. G. fam. k. S. 110. Nr. 27.

che bei mir ausgekommen find, ein beinahe durchgehends unterscheidendes Merkmal gewesen.

Wie nöthig es daher sei, bei Beschreibungen der Insekten auf alle auch die geringsten Theile aufmerksam zu sein, darf ich wohl nicht erwehnen; da es ein Sco= poli a) bereits aus mehrern Erfahrungen gezeigt hat.

6.

PHALAENA BOMBYX EUERIA.

Der Wollträger.

Phal. Bombyx elinguis, alis reuersis pallide corti-cinis: superioribus basi strigaque postica flauis puncto albo.

m. *long.* lin. 6⅔. *lat.* 4⅘.

f. *long.* lin. 8⅔. *lat.* 5⅔.

Descr. Larua Tab. 2. fig. 3. caeruleo-nigra, villosa; incisuris atris; corporis omnibus segmentis, ex-cepto vltimo, ochreaceo obscuriore superne trans-uersim bifasciata: segmentis (a capite deorsum ductis) 4. 5. 6. 7. 8. 9. 10. vtroque latere blan-de caeruleo maculata, lineolis rectis curuisque ac punctis sulphureis lateralibus. Caput nigro-fuscum. Pedes ochreacei.

Vterque sexus oculis fusco-nigris: alis rotundatis; an-ticis supra puncto seu macula, posticis margine superiore albis. Mas Tab. II. fig. 6. *antennis* pectinatis. *Alae* anticae supra basi et striga po-

(a Ioan. Ant. Scopoli Introd. ad H. N. Pag. 401.

ſtica flauentes in medio ſaturatiores. *Caput* et
totum *corpus* villoſum, flauum. *Pedes* villoſi
eiusdem coloris. Foemina Tab. II. fig. 7. maior, *antennis* ſubpectinatis; *Alae* pallide cortici-
nae; ſuperiores ſupra in medio obſcuriores, baſi
et ſtriga poſtica flauae ſeu cinnamominae. *Thorax* piloſus, antice corticinus, poſtice cinnamo-
minus. *Abdomen* cylindricum, tomentoſum,
ano valde lanato griſeo-nucco.

Die größten Raupen von dieſer Art, dergleichen
Tab. II. fig. 3. eine abgebildet worden, ſind beinahe
$1\frac{1}{4}$ Zoll lang, und in der Mitte drei Linien dick. Sie
ſind meiſt walzenförmig und nehmen nur an den Enden,
beſonders am Kopfe etwas ab. Der Kopf hat vorn
die Geſtalt einer gedruckten Kugel, und iſt an jeder
Seite mit ſechs Augen verſehen. Die Einſchnitte ſind
an der hintern Seite gerändelt. Die Bauch= und
Schwanzfüße haben einen halben Zirkel von kleinen
Häkchen. Der Kopf, die Freßſpitzen und Augen ſind
braunſchwarz; die leztern, wie gewöhnlich, ſehr glän=
zend. Die Hauptfarbe der Raupe iſt blauſchwarz, an
einigen Stellen heller oder dunkler, und fällt an den
Einſchnitten ganz ins Sammetſchwarze. Ein jeder
Ring, der lezte ausgenommen, iſt faſt der Rückenſeite
querüber in drei Felder getheilt, wovon das Mittlere,
ſo mit der Grundfarbe übereinkömmt, etwas breiter iſt;
die aber ſo danebenſtehen dunkelochergelb (ochra fuſca)
ſind. Unter dem Mittleren befindet ſich an jeder Seite
des vierten und der folgenden ſechs Ringe ein halbmond=
förmiger himmelblauer Fleck, welcher von oben, wo er

am hellsten ist, bis nach dem geraden oder untern Rande zu, immer dunkler wird und sich zulezt in die blau-
schwarze Grundfarbe verliert.   Unter diesem und den
gelben Feldern oder Binden sind an jeder Seite der mittlern sieben stärksten Ringe zwei gerade schrägstehende und
zwei krumme Strichelchen, auch zwischen den Ringen
der Bauchfüße doppelte Punkte von Schwefelfarbe.
Der Unterleib scheint wegen der daraufstehenden Haare
zu beiden Seiten der Luftlöcher dunkelbraun.   Die Luftlöcher und Füße sind dunkelochergelb.

Das Haar, welches den ganzen Leib der Raupe bedeckt, ist sehr fein und wollartig; von verschiedener Länge und Farbe.   Der Kopf und der Hintertheil sind sehr
dicht mit langen schwarzen Haaren besetzt.   Längst dem
Rücken finden sich auf den schwarzen Feldern lange
schwarze und kurze bräunlichweiße Haare, welche leztere
auf den gelben Feldern oder Binden auch stehen, und
nahe an dem schwarzen Haare am längsten sind.   Zu
beiden Seiten an den blauen Flecken richten sich lange
schwarze Haare seitwärts, welche nach dem Hintertheil
zu an Größe wachsen und mit kurzen braunen Härchen
umgeben sind, die auf den gelben Feldern am meisten
hervorstehen.   Ueber und unter den Luftlöchern trägt
die Raupe feines, ziemlich langes und zottichtes Haar,
das in der Mitte des Ringes beinahe schwarz, an den
Seiten braun und mit weißen Haar gemischt ist.   Das
Haar unterm Leibe ist kurz und dunkelbraun;   an den
Füßen ist es borstenartig.

Diese Raupe ist in hiesiger Gegend noch immer
auf den Schlehen- oder Schwarzdornen (prunus spinosa)
in ziemlicher Menge gefunden worden.

Sie schlupft in den ersten Tagen des Wonnemo=
nats, auch wenn es die Witterung mit sich bringt;
noch früher, fast ohne alle Zierde, in einer ganz schwar=
zen und beinahe glatten Haut aus ihrem Ei, und hält
sich ohne Nahrung, die ihr gemeiniglich alsdenn noch
fehlt, (denn die Schalen ihrer Eier verzehrt sie nicht)
gewöhnlich noch einige Tage um ihrer bisherigen Woh=
nung auf, bis daß sie sich zum erstenmal gehäutet hat.
Dann zieht sie mit ihrem ganzen Gefolge an ein in der
Nähe stehendes herunterhängendes Reischen, und be=
spinnt solches gemeinschaftlich mit einem seidenen Gewe=
be, auf dessen Oberfläche sie sich beim Sonnenschein
aufhält, welche sie aber gegen die Nacht und bei nasser
Witterung verläßt, und dagegen die Unterfläche zu ih=
rer Bedeckung wählt. Izt genießt sie die ersten zarten
Blätter der Staude, doch sehr mäßig und nicht weit
von ihrer Wohnung. Gegen die Mitte des Monats
häutet sie sich zum zweitenmal; und nun zeigen sich
schon an ihren Seiten sehr feine gelbe Flecke und Punkte.
Der nach und nach vergrößerte Sammelplaz wird doch
endlich zu klein, und nöthiget den Haufen mehrere Zwei=
ge zu bewohnen, obgleich noch immer mit einander ver=
einiget. Noch vor dem Ende des Monats erreichen sie
mehr als ein Drittheil ihres völligen Wachsthums, und
legen aufs neue eine Haut ab. Die Neue giebt ihnen
eine weit schönere Gestalt und bezeichnet die stärkern Far=
ben ihrer vollkommenen Schönheit, welche sie binnen
den ersten Tagen des folgenden Monats erhält, worinn
sie sich zum leztenmal häutet. Nunmehr findet man
die ganze Brut an der Staude zerstreut. Sie suchen
die Sonne und stärkere Nahrung, und erreichen durch

beides gegen die Mitte des Brachmonats ihre vollkom=
mene Größe.

Sie sind von Natur sehr langsam und träge.
Dieses zeigt ihr Gang und die Sorglosigkeit, womit
sie ihren Feinden begegnen. Sie krümmen sich
nicht, wie andre von ihrer Gattung zu thun pflegen,
fallen nicht, um der Nachstellung auszuweichen, bei
geringer Berührung, plötzlich zur Erde; laßen sich oh=
ne allen Anschein von Gegenwehr ergreifen, gerade als,
wenn sie kein ander Mittel zu ihrer Sicherheit hätten,
als das wollichte Haar, womit sie bedeckt sind. Man
findet sie auch häufig von den Larven der Raupenfliege
(musca larvarum) besezt, wodurch ein großer Theil nicht
zur Vollkommenheit des Insects gelangt. Es hindert
ihnen indeßen nicht, sich mit andern, welche unbeschä=
diget geblieben sind, zu ihrem Puppenstande anzuschi=
cken. Sie hören auf zu freßen, und spinnen sich ohn=
weit vom Stamme der Staude an der Oberfläche der Erde
ein ihrer Größe nach sehr kleines Tönnchen, worinn sie
nach einer Zeit von etwa drei Wochen zur Puppe werden.

Die gewöhnlichen Tönnchen sind wohl acht Linien
lang und viere breit. Sie scheinen von feiner Seide sehr
dicht verfertiget zu sein, welche mit einem Gummi
durchgehends noch mehr verbunden und so verhärtet ist,
daß sie auch nicht von siedenden Waßer, Weingeist und
andern auflösenden Mitteln durchdrungen oder erweicht
wird; im Gegentheil von einigen noch härter zu werden
scheint. Reaumür a) vergleicht diese feste Materie
sehr gut mit steifer Leinewand (bougran). Eröfnet man
ein solches Tönnchen nach acht oder mehrern Tagen: so

a) Inf. T. I. Mem. 12. p. 503. ed. in 4to.

findet sich die Raupe in einer ganz ruhigen Lage. Ihr Kopf ist gegen das eine Ende gerichtet, und der übrige Körper sehr gekrümmt. Außer etlichen Seitenpunkten sieht man nichts mehr von den Schönheiten ihrer Zeichnung. Sie hat die Farbe ihrer ersten Haut wieder angenommen, und ist gleich dieser ohne Haare. Mit ihrer feinen Wolle hat sie die innere Seite des Tönnchens belegt, und solche durch Seide und klebrichte Säfte befestiget. Denn daß sie nicht in das äußre Gespinnst mit verwebt sind, läßt sich durch ein gutes Vergrößerungsglas deutlich erkennen. Dennoch geben sie solchem eine ausnehmende Festigkeit. An demjenigen Ende, woran der Kopf der Raupe und des künftigen Schmetterlings liegt, findet sich diese Befestigung nicht. Hier hat das Thier nach seinem künstlichen Triebe mit solcher Geschicklichkeit gearbeitet, daß ein ganzer Abschnitt des Tönnchens in der Mitte zwar durch etliche angeklebte Haare verstärkt; aber an seinem äußersten kreisförmigen Rande bis auf eine einzige Stelle unbedeckt geblieben ist. Die Absicht dieser künstlichen Arbeit entdeckt sich so gleich bei dem Ausschlupfen des Schmetterlings. Denn so bald sich dieser in seinem engen Behältniß mit starken Muskeln ausdehnt, und die breite Stirn fast gegen alle Theile der vor ihm stehenden Wand drückt, kann sich solche an keiner, als der schwächsten und folglich derjenigen Stelle trennen, welche nicht mit Haaren beklebt und befestiget worden. Daher bricht der vorhingedachte Abschnitt oder der Deckel des Tönnchens gerade in einem Zirkel ab, bleibt aber in einem Punkte an etlichen querübergelegten Härchen hängen, wovon ich vorhin in dieser Absicht erwehnt habe.

Reaumür a) hat schon bemerkt, daß dergleichen
Tönnchen gegen die Raupen, welche sie verfertigen, verhältnißmäßig sehr klein sind. Betrachtet man dabei
die Art, wie der Schmetterling durchbricht: so scheint
es außer allen Zweifel zu sein, daß, um sich eine Oefnung zu machen, seine Ausdehnung in einem engen Behältniß von mehrerer Wirkung sein müsse, als in einem
größern b).

Diejenigen Tönnchen, welche die Raupen in höl-
zernen Behältnissen zu spinnen pflegen, sind gewöhnlich
hellbraun oder weißlich; solche aber, die an der Erde
liegen, pflegen dunkelbraun zu sein. Man findet sie
fast immer beisammen, auch wohl durch Gummi mit
einander verbunden. Nicht selten trift man von dieser
Art zwo Raupen oder Puppen in einem Tönnchen an.

Die Puppe Tab. II. fig. 5. füllt das ganze Tönnchen. Sie hat große Aehnlichkeit mit der von der
Ph. Lanestris. Ihr Scheitel ist etwas aufgeworfen;
auch liegen die Fühlhörnerfutterale merklich erhaben.
Auf dem fünften und sechsten Ringe sitzen am Bauche

a) Inf. T. I. Mem. 12. p. 502. ed. in 4.
b) Wie mannigfaltig die Natur in denen Mitteln sei, welche sie zur Erreichung eines und desselben Endzwecks
anwendet, findet sich in allen ihren Werken bestätiget.
Es ist bekannt, daß Phal. Lanestris, Catax, Limaco-
des u. m. sich ähnliche Tönnchen zu machen pflegen.
Die Erstere bespinnt die innere Seite, statt daß sie die
Unsrige mit Haaren belegt, welche dieser fehlen. stärker mit Seide, und macht davon neben der Stelle, wo
der Deckel abbrechen soll, einen starken Ring von häufig übereinander gelegten Fäden; aber die Stelle selbst
bespinnt sie nicht. Muß hier nicht eben so wohl, wie
bei der Unsrigen, der schwächste Theil zunächst dem
stärksten am ehesten brechen?

zwo kleine Warzen. Die Schwanzspitze ist breit und stumpf. Die Farbe fällt sehr ins Zimmetbraune; etliche dunklere Streifen gehen längst durch die Flügeldecken. Die Luftlöcher lassen sich deutlich erkennen. Die Puppenhülse ist äußerst zart und dünn.

Um den Schmetterling zu erhalten, darf man nach meiner vierjährigen Erfahrung die Puppe nicht aus dem Tönnchen nehmen. Der Druck, welchen der Schmetterling beim Ausschlupfen gegen den Boden desselben thut, muß ihm, wie ich glaube, auch dazu dienen, daß er zugleich die Puppenhülse sprengen kann. Bei mir ist wenigstens nie einer von dieser Art ohne Tönnchen aus der Puppe gekommen, wenn ich ihm nicht dazu behülflich gewesen bin, und die Puppenhülse behutsam eröfnet habe.

Am Ende des Herbstmonats auch wohl später, also nach einer Zeit von vierzehn Wochen kömmt der Schmetterling aus. Er hat die Gestalt der Phal. Lanestris Linn. mit welcher auch das Weibchen von gleicher Größe ist. Bei beiden Geschlechtern sind die Augen schwarzbraun; ein weißer Punkt oder Fleck sieht auf der Oberseite der Oberflügel; der Vorderrand der Unterflügel ist auf beiden Seiten weiß. Der männliche Schmetterling Tab. II. fig. 6. unterscheidet sich sehr durch seine geringere Größe. Seine Stirn, der Rücken, die Oberseite des Hinterleibes, die Füße und vorzüglich der After sind mit langen zottichten Haaren bedeckt, und so, wie die kammförmigen Fühlhörner von rauschgelber Farbe. Der Unterleib ist mehr ins Weiße gemischt. Auf der Oberseite der Oberflügel sieht am Rückenwinkel ein heller rauschgelber Fleck, und nach dem

C

äußern Rande zu geht eine Streife oder eine schmale
Binde querdurch, von der nämlichen Farbe.   Zwischen
dem Fleck und der Streife ist der Grund mit demselben aber dunklern Gelb getieft.   Unter der Streife ist
der Oberflügel so wie die Unterflügel ganz blaß fieberrindenbraun, und spielt sehr wenig ins Röthliche.   Die
Unterseite aller Flügel hat dieselbe Farbe; am Vorderwinkel der Oberflügel sind sie rauschgelb, und der weiße
Fleck auf der Oberseite scheint blaß durch.

Das Weibchen Tab. II. fig. 7. hat etwas gekämmte Fühlhörner.   Der Kopf und ganze Vorderleib
hat langes Haar, welches vorn fieberrindenbraun und
hinten zimmetfarbig ausfällt.   Das Haar am Hinterleibe ist kurz und nußbraun.   Die wollichten Haare am
After sind dunkelnußbraun und an den Spitzen greis.
Die Farbe der Füße kömmt mit dem Kopfe überein.
Die Oberseite der Flügel ist gleich der Unterseite blaß-
fieberrindenbraun.   Die Oberflügel haben oben am Rückenwinkel einen gelben meist zimmetfarbigen Fleck, und
nach dem äußern Rande zu eine Querstreife von gleicher
Farbe, zwischen welcher und dem Rückenfleck der Flügel ganz fieberrindenbraun ist.

Nachdem sich beide Geschlechter begattet haben:
setzt das Weibchen seine Eier um einen dünnen Zweig
seiner Nahrungspflanze, und bedeckt solche mit der am
After befindlichen Wolle.

Die Eier, wovon eins Tab. II. fig. 2. a. in natürlicher Größe vorgestellt worden, haben fast die Figur
kleiner Tönnchen, nur mit dem Unterschied, daß der
obere Theil beinahe platt ist.   Bei fig. 2. b. welche
die Hälfte eines Eies vergrößert darstellt, zeigt sich die-

ſes im Profil, und bei fig. 2. c. kann man den ganzen obern Theil vergrößert ſehen. Der kreisförmige äuße⸗ re Wulſt iſt der obere Rand des Eies, in deſſen Mitte ein Deckel liegt, welchen das Räupchen herausſtößt, wenn es durchbrechen will. Die Schale der Eier iſt hornartig, auf der Oberfläche uneben und höckricht, von graubräunlicher Farbe und mit dunklern Punkten be⸗ ſtreuet. Das Weibchen ſezt die Eier ſchief übers Kreuz, (in quincuncem) ſo neben einander, daß ſie in einer Breite von beinahe vier Linien ſchreg um dem Zweige herumſtehen. Tab. II. fig. 1. Die platte oder Deckel⸗ ſeite befindet ſich oben. Sie ſind mit Gummi aufs ſtärkſte verbunden und zugleich an dem Zweige befeſtiget: Dieſes durch mehrere Abbildungen vorzuſtellen, habe ich deswegen für unnöthig gehalten, da Reaumur a) ſchon die Art, wie die Ringelraupe ihre Eier verbindet und befeſtiget, genau abgebildet und beſchrieben hat, woraus ſich das ähnliche Verfahren unſers Schmetter⸗ lings leicht beurtheilen läßt. Daß die Ordnung, worinn beide ihre Eier anſetzen, verſchieden ſei, erhellet aus dem, was ich vorhin geſagt habe. Die Sorgfalt, die gelegten Eier mit Haaren zu bedecken, hat die Unſrige zwar nicht mit der Ringelraupe; aber mit vielen andern Arten gemein: nur darinn finde ich etwas beſonders, daß ſie die Wurzeln der Afterhaare zunächſt an die Eier legt, ſo daß die greiſen Spitzen wieder oben zu ſtehen kommen, und zwar in ſolcher Ordnung, daß man ſie reißenweiſe bemerken kann. Tab. II. fig. 1.

Ich darf nicht zweifeln, daß es einigen Leſern Ver⸗ gnügen machen werde, die Art zu wiſſen, wie unſer

a) Inſ. Tom. II. Mem. 2. p. 95. 96. t. 4. f. 5 — 13. ed. in 4.

Schmetterling diese künstliche Decke zu Stande bringt.
Ich könnte mich zwar hiebei auf die vortreflichen Anmer=
kungen eines Reaumur a) beziehen: allein da dieser
Schriftsteller nicht in eines jeden Händen ist; so will ich
aus ihm dasjenige entlehnen, was er über diese Mate=
rie geschrieben hat, und dann noch meine Beobachtun=
gen hinzufügen.

„Wenn man, sagt er, den weiblichen Schmetter=
ling nahe an den lezten Ringen zwischen zween Fingern,
so viel es nöthig ist, drückt: so kömmt eine Art von
langen Zize (mammelon) aus dem Hintertheil heraus,
welcher aus Ringen zusammen gesezt zu sein scheint, und
an deßen Ende sich zu beiden Seiten eine Lamelle befin=
det. Wenn diese Lamellen gegen einander liegen, so
haben sie die Form einer Büchse, welche, ungefehr wie
zween auf einander gepaßte Suppenlöffel, aussieht, so
daß eine jede dieser Lamellen die Bug eines Suppenlöf=
fels hat, nur mit dem Unterschiede, daß diese Löffel am
After des weiblichen Schmetterlings nicht so stark getieft,
das schmälere Ende davon mehr verjüngt, und daher
dem vordern Theile einer Zange sehr ähnlich sind, wel=
che bei vielen Arbeitern unter dem Namen der Kornzan=
ge (des Bruxelles) bekannt ist b). Die innere oder höh=
le Fläche dieser Löffel ist glatt und eben, die äußere oder
erhabene ist ganz mit Schuppen oder Haaren bedeckt.
Wenn der Schmetterling den langen Ziz, ohne gedruckt
zu werden, heraussteckt: so giebt er ihm eine Länge, die

a) Inf. T. II. M. 2. p. 79. 102. 103. t. 5. f. 11. 12. ed. in 4.
b) Eine kleine Zange, deren sich bei uns die Jubilierer und
    Steinschleifer bedienen, und die auch von den Email=
    mahlern gebraucht wird.

mehr als noch einmal so groß ist, wie diejenige, welche er hat, wenn man ihn durch einen Druck heraustreten läßt.

Da er nun diese Art von Zize oder Schwanz selbst ausdehnt und einzieht, hoch und niedrig, links und rechts bewegt; und nicht allein diese, sondern alle Bewegungen, Krümmungen und Biegungen damit macht, die er machen will: so kann er auch seine Eier an verschiedene Orte in einer sehr guten Ordnung hinlegen, und solche durch Hülfe des einer Kornzange ähnlichen Endes, welches sich ungeachtet seiner fast komischen Gestalt mit einer Art von Hand vergleichen läßt, leicht mit Haaren bedecken."

„Man urtheilt dennoch, sezt dieser Beobachter hinzu, mehr aus der Stellung, Struktur und den Bewegungen dieser Theile, von ihrem Gebrauch, als aus dem, was man sieht."

So viel von der reaumürschen Beschreibung, die ich, in so weit es die Deutlichkeit erlaubt hat, in die Kürze gezogen habe.

Um mich von der Wahrheit völlig zu überzeugen, ließ ich eine Menge Larven von der Phal. Chrysorrhoea sammlen, weil ich schon oft bemerkt gehabt, daß diese Phaläne nicht selten an Tage, auch wohl unter meinen Händen Eier gelegt hatte. Anfangs liefen meine Versuche fruchtlos ab; so aufmerksam und genau ich sie auch anzustellen dachte. Ich zog hierauf einem eierlegenden Weibchen einige von den längern Haaren aus, welche wie eine Wulst die leztern Ringe des Hinterleibes umgeben, um dem Gesicht alle Hindernisse aus dem Wege zu räumen. Dann hielt ich es mit der Hand in

einer solchen Lage, daß ich mit einer guten Lupe alle Bewegungen, welche am After vorgiengen, deutlich erkennen konnte. Ich bemerkte, daß solche durch das Halten nicht unterbrochen wurden. Der Theil, welchen
Reaumür mit einem Zize vergleicht, machte eine doppelte Bewegung. Er drehete sich beständig an der Seite in einem Kreise herum, und zog sich während dieser
kreisförmigen Bewegung immer aus und ein. Ich sah
es deutlich, daß die umherstehenden Haare mit dem an
seinem Ende befindlichen dickern Theile, welchen gedachter Schriftsteller mit zween aufeinander gepaßten Löffeln
vergleicht, abgestoßen wurden; nur konte ich noch nicht
erkennen, auf welche Art dieses geschah. Daher brach-
te ich das Insect unter ein Vergrößerungsglas, und sah
mit vieler Zufriedenheit, wie dasselbe ungeachtet der üb-
len Lage, worinn es war, sein eierlegendes Geschäfte
unermüdet fortsezte. Die steifen und borstenähnlichen
Haare, womit die äußere oder konvexe Fläche der beiden
Löffel bedeckt ist, stießen, während der doppelten Bewegung, als Zacken in einer Hechel, gegen die umherstehenden wollichten Haare, und rissen sie immer in gleicher Menge und auf eine solche Art aus, daß ihre Spizen allezeit oben blieben; woraus sich denn leicht die Art
erklären läßt, wie unser Schmetterling die Wurzeln seiner Afterhaare schichtweise an die Eier bringen, und
solche vermöge des Gummi, womit diese unter sich verbunden sind, zugleich befestigen kann.

     Wenn man sieht, mit wie vielen Geschick, mit
welcher Geschwindigkeit das Thierchen diese zu solchem
Endzweck so vortreflich eingerichteten Glieder, kreisför-
mig bewegt, sie zugleich aus und einzieht, dabei biegt

und krümmt, und sogar das Haar an denselben zu ei=
nem bestimmten Gebrauch anwendet; muß man denn
nicht erstaunen, an dem After eines in unsern Augen so
dummen und ungeschickten Thiers eine so große Ge=
schicklichkeit wahrzunehmen?

Ehe ich die Geschichte unsrer Phaläne schließe, kann
ich es nicht unbemerkt lassen, daß ungeachtet ihre Eier
so sorgfältig, und dem Anschein nach mit der größten
Sicherheit verwahrt werden, es doch eine Art von Ich=
neumons giebt, welche sich einen Weg dahin zu verschaffen wissen. Denn nicht lange nachher, als die Räup=
chen ausgekommen waren, betrachtete ich unter einem
Vergrößerungsglase die künstliche Arbeit, welche das
Insect angewandt hatte, die Eier zu ordnen und zu be=
decken; und bemerkte, daß sich an dem Deckel eines
Eies etwas rührte. Nach einer Minute sah ich den
Kopf eines Ichneumons, und bald hernach seinen gan=
zen Leib. Seine Länge betrug unter Nr. 4. kaum vier
Linien, mithin seine wahre Größe nicht einmal den
neunten Theil einer Linie. Er war demnach nicht
größer, als ein kleiner Punkt. Ich war eben im Be=
griff, ihn zu zeichnen, weil mir noch keiner von so geringer Größe vorgekommen war, da ich durch einen Zufall
desselben beraubt wurde.

7.

PHALAENA GEOMETRA ALBICILLATA.

Der weiße Schleier.

m. *long.* lin. 7. *lat.* 5.

LINN. S. N. ed. 12. fp. 255. P. Geometra feticornis, alis omnibus nigricantibus: fafcia vnica latiſſima alba immaculata.

Faun. Suec. 1278.

Müllers Naturſyſt. 5. Th. S. 717. fp. 255. das Weißfeld.

CLERC. Phal. t. I. f. 12. Phal. albicillata.

FABRIC. Entom. p. 634. fp. 69. Phal. albicillata Linn. Charaktere.

Syſtem. Verz. d. Schm. d. W. G. S. 114. fam. N. Nr. 8. Milchweißer grauſchwarzfleckichter Spanner.

Naturforſcher 13. St. S. 30. Nr. 4. t. 3. f. 7. a. b.

Defcr. Larua Geometra Tab. II. fig. 8. corpore depreſſo, nuda, viridis; primis ac vltimis tribus fegmentis lineola laterali carmefina, fingulis fex intermediis angulo dorfali eiusdem coloris vertice caput fpectante.

Palpi breues porrecti, fufci fubtus flauefcentes. *Oculi* nigricantes. *Antennae* fufcae fetaceae. *Alae* patentes, rotundatae, omnes vtrinque lacteae cinereo fimbriatae: fupra ad marginem exteriorem fafcia terminali ac maculis indico-cinerea lineolaque fufca ferrata repanda. *Superiores* ad bafin et latus anticum verfus apicem nigro-fufcae dilute indico vndulatae. Alae fubtus puncto, ſtriga

faſciaque poſtica nigricantes.   Corpus alis anticis concolor.   Pedes griſei, tibiae ſpinoſae.

Die Raupe Tab. II. fig. 8. iſt etwa eilf Linien lang,
und in der Mitte eine Linie breit.   Der Kopf iſt vorn
ziemlich platt und oben meiſt gerade.   Der Körper iſt
gedruckt, beſonders am Unterleibe, ſo daß ſeine Breite
die Höhe übertrifft.   Am Hintertheil iſt er am ſtärkſten,
und verjüngt ſich allmählig nach dem Kopfe zu.   Die
Haut iſt an beiden Seiten ſehr zuſammen gezogen und
gekräuſelt.   Die Schwanzfüße ſtehen weit auseinander.

An den drei erſten und beiden lezten Ringen iſt die
Farbe hellgrasgrün; auf dem mittlern fällt ſie mehr ins
Seegrüne, und am Unterleibe in ein gelbliches Grün,
welches an den Seiten, wo ſich die Haut zuſammenge-
zogen, noch mehr ins Gelbe gemiſcht iſt.   Am Kopfe
und an den drei erſten Gliedern befindet ſich zu beiden
Seiten eine punktirte karminrothe Linie: eine ähnliche
fängt über den Bauchfüßen an und zieht ſich bis zum
Ende der Schwanzfüße, welche auch an der hintern
Seite mit demſelben Roth eingefaßt ſind.   Auf dem
vierten und folgenden fünf Ringen ſteht am Rücken nahe an den Einſchnitten ein karminrother Winkel, deſſen
Scheitel nach dem Kopf zugerichtet iſt, und zu beiden
Seiten des erſten und dritten, vom Kopf an gerechnet,
zeigt ſich noch ein gleichfärbiger Punkt in der gekräuſel-
ten gelben Haut.   Die Füße ſind gelblichgrün.

Dieſe Raupe, von der ich bisher noch keine Abänderungen gefunden, lebt auf den Hindbeern (rubus idaeus).
Ihre gewöhnliche Stellung kömmt den Stockſpannen
ſehr nahe; doch iſt der Leib in der Mitte gemeiniglich

etwas gekrümmt, so wie er in der Abbildung vorgestellt
worden.

In der Mitte des Erntemonats geht sie unter die
Erde. Ihre Puppe ist wohl sechs Linien lang und in
der Mitte zwo Linien dick. Die etwas hervorstehenden
Flügeldecken und die Ringe sind glänzend dunkelkasta-
nienbraun. Das Gesicht, die gerändelten Fühlhörnerfutterale, der Rücken und die Einschnitte fallen in dunkles
Ocherbraun. An der auf der Rückenseite etwas ausge-
kerbten Schwanzspitze befinden sich zwo kleine wenig gebogene Spitzen, welche dicht aneinander stehen, und
ohne Vergrößerung nur eine zu sein scheinen.

Der Schmetterling kömmt erst im folgenden Jahr
am Ende des Wonnemonats aus. Seine Bartspitzen
sind kurz, hervorstehend, oben dunkelbraun und unten
gelblich. Die Augen haben eine schwärzlichte Farbe.
Die Fühlhörner sehen braun aus

Die Flügel sind auf beiden Seiten milchweiß und
haben einen aschfarbenen Saum, der aber am Vorderwinkel der Unterflügel auf beiden Seiten ins Weiße übergeht. Oben auf den Oberflügeln geht am äußern Rande querdurch eine aschgraue etwas ins Blaue schielende
Binde, welche nach dem Hinterrande zu immer schmäler wird, und bei einigen Exemplaren mit dem Saum
zusammenfließt; bei andern aber durch eine feine weiße
Linie davon abgesondert ist. Eine eben so gefärbte, allein noch einmal so breite Binde fängt an dem Vorderwinkel der Unterflügel an und geht dicht am Saum bis
zur Mitte fort, wo sie die Hälfte ihrer Breite verliert,
nach und nach schmäler, zweimal unterbrochen, und
nicht ganz bis an den Hinterwinkel fortgesezt wird. Na-

he an der Binde der Oberflügel stehen sieben aschgraue
halbrunde Flecken, welche noch mehr als die Binde ins
Blaue spielen, und worunter der mittelste am hellsten,
die äußersten aber am dunkelsten sind. Die beiden Flecken am Hinterrande sind oft zusammen geflossen. Drei
dergleichen Flecken befinden sich auch auf jedem Unterflügel, wovon der größte dichte am Hinterwinkel, und
die beiden andern vor dem schmälern Theil der Binde
gerade da stehen, wo diese unterbrochen ist. Vor den
Flecken geht eine braune gezackte und in allen Flügeln
winklicht gebogene Linie her, welche auf den Unterflügeln bei einigen Exemplaren undeutlich, bei andern gar
nicht zu sehen ist. Am Hinterrande der Oberflügel steht
neben ihr noch eine kleine Ader von der nämlichen Farbe.
Im Rückenwinkel der Oberflügel ist ein schwarzbrauner
beinahe zwo Linien breiter Fleck, der am untern Rande
ausgebogen und dunkelkaffebraun ist. Ein ähnlicher etwas kleinerer Fleck nimmt nahe an der aschfarbenen Binde den Vorderrand ein. Durch diesen sowohl als den
am Rückenwinkel laufen querdurch feine hellindigblaue
Adern. Zum besondern Kennzeichen dieser Art dient
ohne Zweifel die genaue Uebereinstimmung der Farbe
am Oberflügel und Leibe. Denn so weit die dunkelbraunen Flecken am Rückenwinkel längst den Flügeln
heruntergehen, so weit sind auch der Rücken und die ersten Ringe mit der nämlichen Farbe gezeichnet. Das
Weiße der fünf folgenden Ringe paßt genau mit dem
weißen Mittelgrund der Flügel zusammen, und die leztern Ringe sind eben so aschgrau, als die Binden am
äußern Rande der Flügel. Bei dem Weibchen ist nur
die äußerste Spitze am After etwas aschfärbig. Unten

sind die Flügel weiß; bei einigen Exemplaren in der
Mitte der Oberflügel grau.   Die dunkeln Flecke am
Rückenwinkel der Oberflügel scheinen unten etwas durch).
In der Mitte eines jeden Flügels etwas näher am Vorderrande steht ein schwärzlichter Punkt, welcher bei einigen auch oben durchscheint.   Unter demselben geht
quer durch ein gleichfärbiger Strich, welcher in jedem
Flügel einen Winkel macht.   Zwischen dieser Streife
und dem äußern Rande ist auf den Oberflügeln eine breite schwärzlichte Binde, welche bis auf die Mitte der
Unterflügel fortgeht.

Die Füße haben Dornen und auf einem gelblichen
Grunde aschfarbige Flecken.

Wenn man die kurze Beschreibung, welche Herr
Hufnagel a) von der Ph. Contaminata macht, mit
der Unsrigen zusammenhält: so sollte man fast glauben,
er habe darunter die nämliche Art verstanden, wenn
nicht der Herr von Rottemburg b) in seinen Anmer=
kungen angezeigt hätte, daß Ph. Contaminata auf den
Unterflügeln keine Zeichnung habe.

Bei der Phal. Vestalis im Naturforscher sind in der
Beschreibung die beiden großen dunkelbraunen Flecken
auf den Oberflügeln nicht mit angemerkt worden; aber
in der Abbildung sind sie angegeben.

Daß es übrigens eben dieselbe sei, welche ich be=
schrieben habe, obgleich beides die Beschreibung und Ab=
bildung von meiner Beschreibung abgeht, wird man am
besten aus der Vergleichung mit einem guten Exemplar
oder mit der Abbildung des Clerc sehen.

a) Berlin. Magaz. 4. B. 6. St. S. 614. Nr. 91.
b) Naturforscher II. St. S. 36. Nr. 91.

8.

PHALAENA NOCTVA ARGENTEA.

Der ſilberfleckichte Mönch.

Ph. N. ſpirilinguis criſtata alis deflexis; ſuperioribus viridibus maculis ſeptem ac ſtriga argentea.

long. lin. 7½. *lat.* 3½.

Berliner Magazin 1. B. 6. St. S. 648. r. tit.
Naturforſcher 9 St. S. 113. Nr. 29.

Deſcr. Palpi Phal. Tab. III. fig. 2. breues, porrecti,
piloſi, griſei ſubtus albentes. *Oculi* nigri. *Antennae* ſquamatae, rachi albidae retrorſum fuſcae.
Caput griſcum. *Criſta* acuminata griſeo-viridis
ſtriga alba ſubarcuata. *Thorax* candidus macula
lunulata griſeo-viridicante. *Abdomen* albo-fla-
veſcens. *Pedes* albo-griſei, tibiae ſpinoſae. *Alae
ſuperiores* lanceolatae ſupra virides macula argentea angulari vertice ad baſin directa, quam excipit grandior pentagona nec non lineola breuis
ſubcurua verſus latus anterius, quod et aſſequun-
tur maculae duae coadunatae, quae poſt ſe ha-
bent angulum acutum argenteum apici adhaeren-
tem: macula, quae ſequitur, ſeptima oblonga
a margine tenuiore producitur ad medium vsque
exterioris ſtriga argentea ante cilia terminati:
ſubtus albido cinereoque variae. *Inferiores* vtrinque albidae verſus marginem exteriorem nigricantes.

Die Puppe Tab. III. fig. 1. ist etwan 7 Linien lang
und 3 Linien dick. Das Gesicht und die Flügeldecken
sind grasgrün. Leztere stehen vom Bauche stark ab,
und laufen in eine kurze, stumpfe und dunkelbraune
Spitze aus. Die Fühlhörnerfutterale sind sehr dunkel
beinahe schwarzbraun. Der bräunliche Scheitel spielt ins
Grüne. Der Rücken und die Ringe sind grünlichgelb
und haben hellbräunliche Einschnitte.

Die Bartspitzen der Phaläne Tab. III. fig. 2. stehen
gerade aus, sind kurz, oben hellgrau und unterwärts
mit ziemlich langen weißen Härchen besezt. Die Augen
sind schwarz. Die Fühlhörner gehen von borstenförmi-
gen darinn ab, daß sie auf dem Rücken etwas flach und
mit weißen viereckichten kleinen Schuppen oder Feder-
chen bedeckt, unterwärts aber beinahe eckicht gerundet,
auch auf jedem Gliede mit einem äußerst feinen Härchen
an beiden Seiten besezt sind; sie grenzen sehr nahe an
diejenigen Fühlhörner, welche Reaumür a) prismati-
sche nennt.

Der Halskragen läuft von beiden Seiten an und
macht in der Mitte einen scharfen Winkel. Die Farbe ist hellgrau und fällt sehr wenig ins Grünliche. Querüber geht ein weißer Streif, der aus zween Bögen besteht, welche an der Spitze zusammen treten. Der
Rücken ist mit weißen Haaren bedeckt, welche an beiden
Seiten über demselben hinaus in eine Spitze auslaufen.
Mitten auf demselben ist ein grauer mondförmiger Fleck.
Der Hinterleib ist glänzend milchweiß, und spielt sehr
wenig ins Gelbe.

Die Oberflügel sind aus Gras- und Aepfelgrün ge-

a) Inf. Tom. I. Mem. 5. p. 219. ed. 4.

mischt.   Nicht weit vom Rückenwinkel steht eine silber=
ne Streife, mit dem eine andre am Hinterrande zusam=
mentrit und einen Winkel macht.   Unter derselben be=
findet sich eine große fünfeckichte Makel, welche zur Seite
nach dem Vorderrande zu einen kleinen gebogenen Strich
hat.   Unter diesem sind zween länglichte wenig gekrümm=
te Flecke, welche unten zusammenstoßen.   Am Vor=
derwinkel zeigt sich ein spitziger Winkel, dessen eine Seite
dicht an den Vorderrand trit.   Zwischen diesen silber=
nen Flecken und dem äußern Rande ist noch eine silber=
ne Binde, die aber nicht viel über die Mitte des Flügels
hinaus geht.   Der äußere Rand und der Vorderwinkel
sind mit einer schmalen silbernen Streife eingefaßt, zwi=
schen welcher und dem Saum noch ein gelblich grüner
Strich ist.   Auf der Unterseite sind sie größtentheils
grau; der Rand ist meist weiß.   Das glänzende Weiße
auf beiden Seiten der Unterflügel spielt oben gegen den
äußern Rand zu ins Graue, so mit wenigen Braun ge=
mischt ist.

Die Füße sind grauweiß, und die Fußblätter
schwärzlichgrau punktirt; An den Schenkeln der Vor=
derfüße ist langes bräunliches Haar, welches bis auf
die Fußblätter herunter geht und sich in einer Spitze
endiget.

9.

PHALAENA BOMBYX VIDUA.

Die junge Witwe.

P. Bombyx elinguis, alis albo-cineraſcentibus nigro
variis faſcia ſublutea inaequali.

ſ. *long.* lin. 9¼. *lat.* 5¾.

Deſcr.   *Oculi* Phal. Tab. III. fig. 3. fuſco-cinerei.
Antennae ſubpectinatae.   *Thorax* albidus medius
nigro ſtriatus.   *Abdomen* furuum piloſum. Pedes eiusdem coloris; tibiae hirſutae. *Alae ſuperiores* rotundatae albo cineraſcentes maculis ad
latus anticum et poſticum nigricantibus; *Inferiores* albicantes margine exteriore et maculis
duabus in angulo ani nigricantes.

Die großen und tiefliegenden Augen dieſer Phaläne
Tab. III. fig. 3. haben eine graubraune Farbe.   Die
Fühlhörner ſind wenig gekämmt.   Der Rücken iſt an
den Seiten grauweißlich; in der Mitte ſtehen drei weiße
Striche in einem ſchwarzen Grunde.   Die Bruſt und
der haarichte Hinterleib iſt graubräunlich, imgleichen die
Füße, welche an den Schenkeln lange Haare haben.

Die Oberflügel ſind oben weißlichaſchfarben. Einige blaſſe lederfarbene Flecke von ungleicher Größe, ſtehen in der Mitte quer durch den Flügel neben einander,
und machen eine Art von Binde aus.   Zwiſchen dieſer
und dem Rückenwinkel iſt der Vorder- und Hinterrand
mit einer länglichten dunkelaſchgrauen ſchwarz eingefaß-
ten Makel gezeichnet.   Vom Hinterwinkel geht eine

schwarze Streife nach der Mitte zu, und ein ähnlicher Fleck steht gegen ihr über am Vorderrande. Nicht weit vom äußern Rande zeigt sich eine undeutliche unterbrochene hellaschgraue Streife. Der graue Saum ist gelbgefleckt, doch auf der untern Seite deutlicher, wo hingegen die übrigen Zeichnungen blaß und zum Theil in andern Farben erscheinen; denn die gelbe Binde fällt stark ins Graue, und von da bis zum Rücken ist die Aschfarbe ins Bräunliche gemischt. Die Unterflügel sind auf beiden Seiten weißlich. Der Rand ist grauschwarz, und am Hinterwinkel stehen zwei schwarze Flecken die unten dunkelgrau aussehen.

Diese Phaläne, welche ich für den weiblichen Schmetterling halte, ist auf der Asse einem ohnweit Wolfenbüttel gelegen Walde gefunden worden. Das Männchen ist mir noch unbekannt.

10.

PHALAENA GEOMETRA LICHENARIA.
Die Mooßmotte.

P. Geometra pectinicornis alis griseis. populeo cupreoque adspersis: anticis lineis duabus vndulatis nigris albo diftinctis, posticis vna.

m. *long.* lin. 6 *lat.* 4.
f. — — 7½ — 4¾.

Hufnagels Tabellen. Berlin. Mag. 4. B. 5. St. S. 512. Nr. 15. Phal. Lichenaria, die Mooßmotte. Der Grund hellgrau mit vielen theils dunkelgrünen, theils braunen und grauen Punkten, Zeichnungen und Strichen. Naturforscher. 11. St. S. 67. Nr. 15.

D

Defcr. Larua Tab. III. fig. 5. geometra corpore de-
preffo tuberculata, montano-viridis, linea vndulata nigra interrupta vtraque latere longitudinali.
Palpi breues, porrecti. *Oculi* nigricantes. *Antennae*
grifeae rachi populeo puluerulentae; pectines pilofi: foeminae Tab. III. fig. 9. pilofae. *Corpus*
grifeum profunde viridi adfperfum, maris gra-
cile ano lanato. *Alae* patentes, rotundatae margine exteriore ante cilia punctato, limbo populeo interrupto. Subtus omnes grifeae cinereo
adfperfae puncto ac ftriga obfoleta nigricantes.
Pedes fpinofae grifeae.

Die Raupe Tab. III. fig. 5. ift etwan 10 Linien lang
und hat einen etwas gedruckten Leib, fo daß feine Breite
ftärker ift, wie die Höhe. Ihr Kopf gleicht einer gedruckten Kugel; in der Mitte ift er etwas getieft, und
zu beiden Seiten länglicht erhaben. Die drei erften
Ringe find nicht fo dick, als der Kopf, und in Betracht
der übrigen fehr kurz. Die folgenden Ringe find höcke-
richt, aber fehr fonderbar gebauet. Tab. III. fig. 6.
ift der Vierte abgebildet. Der obere Theil deffelben,
welcher gegen den Kopf gerichtet ift, hat zu beiden Seiten gleich weit von der Pulsader zween länglichtrunde
Höcker aa. und zwo faft birnförmige Beulen bb. an deren Seiten fich die Luftlöcher befinden. Hierauf folgt
eine gelinde Vertiefung, welche durch eine zarte Linie angegeben ift, dann eine ftärkere, die fich durch eine brei-
tere Linie auszeichnet. Der Raum zwifchen beiden Vertiefungen oder Einfchnitten macht ein fchmales Band,
das an beiden Seiten breiter wird, und in die herzför-

migen Beulen cc ausläuft. Unter dem schmalen Ban=
de geht ein breiteres bis ee, auf welchem sich zween sehr
stark hervorragende Höcker dd befinden, die nach beiden
Seiten zu flach, in der Mitte aber steil ablaufen, und
zwischen welchen in der Tiefe vier schwarzbräunliche
Punkte sind. Der untere Theil hat am Ende ein
schmales Band, welches durch zwo Vertiefungen f. und
g. entsteht. Die übrigen Glieder sind von dem vierten
darinn unterschieden, daß die Beulen bb kleiner, die
mit cc bezeichneten aber stärker werden. Die Höcker dd.
sind auf dem achten und eilften Ringe mit dem beschrie=
benen von gleicher Höhe, auf dem siebenten und neun=
ten sind sie kleiner; auf dem fünften, sechsten und zehn=
ten erheben sie sich am wenigsten. Das letzte Paar
Brustfüße ist fast noch einmal so lang und stark,
als das erste. Die Bauch= und Schwanzfüße sind
verhältnißmäßig sehr breit, vorzüglich die letztern; bei=
de haben eine ähnliche Gestalt mit denen, welche
Reaumür a) abgebildet hat. Die untere Fläche des
Fußes ist nach dem Leibe gerichtet, so daß man die
Klauen nicht leicht bemerken kann. Die Schwanzklap=
pe ist flach und liegt wie ein Blatt auf dem Hintertheil,
an welchem drei Spitzen hervorragen, worunter die
Mittlere am Kleinsten ist.

Die Farbe ist berggrün, und wenig oder gar nichts
von der Farbe der Nahrungspflanze verschieden. Die
Augen sind schwarz, eins ist grünlichweiß. Vom vier=
ten Ringe an läuft längst den beiden Seiten eine ge=
schlängelte schwarze Linie, welche bei jedem Einschnitt
zweimal unterbrochen ist. An jeder Seite der drei er=

a) Ins. I. Mem. 9. p. 114. 115. t. 3. f. 7. ed. 4.

sten Ringe stehen fünf braune Punkte.   Auf jeder der
vorhinbeschriebenen Beulen befindet sich ein schwarzer
Punkt;   an jedem Brustfuße stehen dergleichen drei;
auch sind sie an den Bauch= und Hinterfüßen, der
Schwanzklappe, an den Seiten der Raupe und vier an
jedem Ringe unter dem Leibe.

Diese Art nährt sich vom Mooße, (Lichen fraxineus Linn.) woran sie sich wegen der Aehnlichkeit, die
ihre höckrichte Gestalt und Farbe damit hat, nicht leicht
erkennen läßt.   Sie ist dadurch gegen ihre Feinde um
so mehr gesichert, da sie fast immer unbeweglich sizt.
Wird sie in ihrer gewöhnlichen Lage, welche sie in der
Abbildung hat, stark beunruhiget: so hebt sie sich mit
dem Kopf in die Höhe, und macht eine zitternde Be=
wegung, dann sezt sie die Brustfüße nieder, und schleppt
den Hintertheil nach; begibt sich aber bald wieder zur
Ruhe.   Bisweilen weicht sie auch nicht von der Stelle,
sondern hängt sich an einen Faden fest, der sehr stark
und zäh ist.   Ihre anhaltende Ruhe, der starke An=
trieb, welcher sie in Bewegung setzen muß, ihr schläf=
riger und kurzer Gang geben ihre natürliche Trägheit
hinlänglich zu erkennen, die sich vielleicht aus ihrer Nah=
rung erklären läßt; die aber ein Mittel für ihre Sicher=
heit wird.

In den lezten Tagen des Brachmonats bekömmt
sie ihre völlige Größe, und schickt sich zu ihrem Puppen=
stande an.   In der Absicht sucht sie sich zwischen dem
Mooße eine geräumige Stelle aus, wo sie von allen
Seiten geschüzt ist.   Die sich hin und wieder noch befin-
denden Rizen und Oefnungen bespinnt sie mit Seide,
in welche sie abgenagte Mooßstückchen mit hineinwebt,

um die Wände desto dichter zu machen. Tab. III. fig. 7.
legt uns diese Arbeit vor Augen, doch nicht so vollständig, wie in der Natur, denn ein Theil vom Mooße,
welches die Oberseite bedeckte, ist, um das Gespinnst
sehen zu können, davon abgebrochen.

Die Puppe Tab. III. fig. 8. ist länglich schmal und
ganz dunkelbraun. Die Einschnitte fallen in ein dunkles
Violet. An der Schwanzspitze befinden sich zween gerade Dornen, deren Spitzen etwas gebogen und hackenförmig sind. Neben dieser stehen noch vier kleinere
Häkchen, die sich wie ein kleines lateinisches s krümmen.

Der Schmetterling kömmt gegen Ende des Heumonats aus. Die kurzen Bartspitzen sind greis und dunkelgrün. Beide Geschlechter haben schwärzlichte Augen. Die Kämme an den Fühlhörnern des Männchen
sind an der Vorderseite mit feinen Härchen besezt. Das
Weibchen Tab. III. fig. 9. hat nur ganz kurze und borstige Kämme. Der Rücken und Hinterleib desselben
ist stärker, wie beim Männchen, welches einen längern
Hinterleib hat, der am Ende mit vielen langen greisen
Haaren bedeckt ist.

Die Farbe des Leibes ist greis und außer den Ein-
schnitten dunkelgrün besprizt. Eben so sind auch die
Füße. In der Zeichnung der Flügel, wovon die Untern ein wenig in der Mitte ausgeschweift sind, kommen
beide Geschlechter überein. Die greise Grundfarbe auf
der Oberseite ist durchgehends mit Pappelgrün; hin und
wieder aber, besonders am Rücken- und Hinterwinkel
der Oberflügel mit Kupferbraun besprengt. Quer durch
die Flügel nach dem äußern Rande zu läuft eine schwarze
zikzackichte Linie, welche an der untern Seite weiß ein-

gefaßt, aber am Vorderrande der Unterflügel besonders
bei dem Weibchen etwas undeutlich und verwischt ist.
Eine andre ähnliche aber oben weiß eingefaßte Linie
geht ohnweit dem Rückenwinkel nur durch die Oberflü=
gel. Diese sind zwischen den beiden Linien am dunkel=
sten, und haben in der Mitte einen Fleck. Auf allen
Flügeln stehen am äußern Rande dunkelgrüne Punkte.
Der Saum ist auf beiden Seiten abwechselnd grau und
schmutziggrün. Die Unterseite der Flügel ist greis mit
schmutzigen Grün besprengt. Am äußern Rande finden
sich die nämlichen Punkte, wie oben. Auch zeigt sich
hier eine durch alle Flügel gehende schwarze Linie, die
aber bei den Weibchens sehr undeutlich, und bei eini=
gen kaum zu bemerken ist. In jedem Flügel steht ein
schwarzer Fleck. Die Weibchens sind gewöhnlich gröf=
ser als das andre Geschlecht; doch findet man auch klei=
ne von verkümmerten Raupen.

Ein Ei von dieser Phaläne ist Tab. III. fig. 4. a.
in natürlicher Größe und bei b vergrößert vorgestellt.
Es ist länglicht rund, oben etwas gedruckt, und auf ei=
ner Seite höher als der andern. Die Schale hat viele
Beulen, wie ein mit dem Hammer getriebenes Stück
Kupfer oder Meßing. Sie ist seegrün und spielt in
Silberfarbe. Der obere Theil ist mit weißen erhabenen
Punkten bestreuet, wovon immer zween neben einander
stehen.

Diese Phaläne ist von der Ph. Geom. Miata Linn,
nicht nur durch die Oberflügel, welche bei dieser weiß=
lich sind, und drei braungrünliche Binden haben, un=
terschieden, sondern auch durch die Raupe, welche glatt
und von gelber Farbe ist.

II.

PHALAENA GEOMETRA PECTINATARIA
Das gekämmte Fühlhorn.

Phal. Geometra pectinicornis, alis viridibus: fafciis duabus crenatis lineolaque albefcente fubterminali
vndulata.

long. lin. 6. *lat.* 4.

Defcr. Palpi Phal. Tab. III. fig. 10. capite longio-
res porrecti, fubulati fufco-nigri. *Oculi* nigricantes. *Antennae* pectinatae rachi grifeae fufco
maculatae; pectines pectinati fature fufci. *Thorax* et abdomen grifea, incifuris albefcentibus
fufco contaminatis, ano fubbarbato. *Alae* rotundatae, primariae fupra nitidae pallide virides verfus marginem exteriorem faturatiores: fafcia me-
dia albo limbata ad marginem anticum latior maculis duabus, pofticum ocello arcuque nucea.
Ad apicem alae macula et punctum fufcum. *Se-
cundariae* pallide cinereae ftrigis obfoletis. Omnes
grifeo-ciliatae, leucophaeo interruptae: fubtus
pallide cineraceae fafcia flauefcente obfoleta.

Die Bartspitzen Tab. III. fig. 10. welche beinahe noch
einmal so lang sind als der Kopf, haben eine schwarzbraune Farbe. Die Augen sind schwärzlicht. Die
Fühlhörner sind gekämmt; jedes Härchen an denselben
hat zu beiden Seiten ziemlich lange und verhältnißmäßig
dicke Härchen, und völlig das Ansehen eines gekämmten
Fühlhörnchens, welches sich mit einer etwas stumpfen

Spitze endiget a). Der Rücken des größern Fühlhorns ist greis und wechselt mit Braun ab; die Kämme oder kleinen Fühlhörner fallen ins Schwarze.

Der ganze Körper ist greis. Die Einschnitte am Hinterleibe sind weislich und oben braun gefleckt.

Die Oberflügel sind oben weißlichgrün, am äussern Rande kommen sie dem Grasgrün sehr nah. Im Rückenwinkel zeigt sich eine grünliche etwas ins Braune gemischte Binde, welche am Vorderrande dunkelbraun und unten weiß eingefaßt ist. Eine ausgekappte mit jener gleichgefärbte Binde fängt mitten am Vorderrande an, wo sie breit ist und zween schwarzbraune Flecken hat, und endiget sich in der Mitte des Hinterrandes mit einem kleinen braunen Auge, an dessen Seite noch ein ähnlicher Bogen steht. Diese Binde ist mit einer weissen Linie begrenzt. Zunächst dem äußern Rande schlängelt sich eine weißliche Linie quer durch die Flügel. Der Rand selbst ist durch eine feine dunkelbraune Linie bemerkt, woran nicht weit vom Vorderwinkel ein braunes spitzwinklichtes Fleckchen steht, welches neben sich noch einen Punkt von der nämlichen Farbe hat. Drei ähnliche Punkte finden sich hart am Vorderrande zwischen der Binde und dem Vorderwinkel. Die Unterflügel sind auf der Oberseite blaßaschgrau und haben einige ganz undeutliche greise Streifen. Der Saum ist an allen Flügeln schmutzigweiß und mit Braun unterbrochen. Quer durch denselben geht eine sehr feine

a) Die Fühlhörner des Phal. Bomb. Mori kommen mit diesen sehr genau überein. S. Ledermüllers Mikroskopische Gemüths- und Augenergötzung 1. Th. S. 147. f. 76. fig. a, b,

dunkelbraune Linie. Unten find die Flügel hellafch-
farbig, und haben eine fehr undeutliche weißlichgelbe
Binde.

12.

PHALAENA NOCTVA DISSIMILIS.

Das unähnliche Weibchen.

P. noctua fpirilinguis criftata alis deflexis crenatis:
fuperioribus hepaticis macula conica linea terminali
bidentata.

long. lin. 8. *lat.* 4½.

Defcr. Larua Tab. IV. fig. 1. carnea ftriga laterali
citrina, tribus dorfalibus profunde cyaneis punctisque duodecim atris fingulis fegmentis, ex-
ceptis tribus primoribus decem diftinctis.

Palpi Phal. Tab. IV. fig. 3. 4. porrecti, breues, fufci
apice dilucidiores. *Oculi* fufco-nigri, *Anten-*
nae fetaceae pilofae fufcae, rachi fquamatae.
Crifta collaris bis arcuata hepatica linea tranfuerfa aterrima; dorfalis thoracis perexigua infundi-
biliformis. *Abdomen* grifeum tergo et lateribus
criftatum, ano lanato. *Alae* anteriores fupra he-
paticae, foeminae Tab. IV. fig. 3. furuae, ad
bafin macula fere triloba fufca dilucide terminata, deinde conica nigro limbata; tum ftigmatibus ordinariis valde obfoletis lineaque foeminae
vndata tranfuerfa praeter terminalem bidentatam.
Pofteriores pallide fufcae nitidae verfus margi-

nem exteriorem nigricantes, lineola ad angulum
ani vndata.   Subtus omnes cinereo-fuſcae cum
ſtriga obſoleta et lunula nigricante.   Pedes villoſi griſei.

Die Raupe Tab. IV. fig. 1. iſt einen Zoll und vier
bis fünf Linien lang, und meiſt drittehalb Linien dick.

Der Kopf iſt gedruckt rund und zum Theil unter
dem erſten Ringe verſteckt.   Die Oberlippe iſt oben in
die Länge gefurcht und unten glatt.   Ihr Leib iſt etwas
gedruckt und nimmt an beiden Enden ab.   Die Einſchnitte ſind kaum zu bemerken.   Die acht ſtumpfen
Bauchfüße ſind mit einem halben Zirkel von Häkchen
beſezt.

In ihren erſten Häuten iſt ſie grasgrün, in der lezten nimmt ſie eine gelblichrothe Farbe an, die der Fleiſch-
farbe ſehr nahe kömmt.   Die hervorſtehenden Theile
des Kopfs ſind blaß ſtahlblau.   Die Augen ſtehen auf
einem gelben erhabenen Grunde nicht in einem halben
Zirkel, ſondern gebogen wie ein kleines lateiniſches s.
Die Freßſpitzen ſind zitronengelb, und ihre äußerſten Theile ins Bräunliche gemiſcht.   Das Gebiß iſt ſchwarz.
An jeder Seite geht vom Kopfe bis zu Ende der Schwanzfüße eine zitronengelbe Streife.   Hart an derſelben liegt
eine andre von blaßſtahlblauer Farbe; die ſich nach dem
Rücken zu in die Grundfarbe verliert, und auf welcher
die weißen ſchwarzeingefaßten Luftlöcher ſtehen.   Eine
ſtahlblaue Linie zieht ſich längſt dem Rücken und zu beiden Seiten eine ähnliche, welche bei jedem Einſchnitt
etwas unterbrochen zu ſein ſcheint.   Auf dieſen drei Linien finden ſich viele gelblichweiße unregelmäßige Punk-

te, die etwas auf der Oberfläche hervorstehen. Mit
feinern Punkten von eben der Farbe ist der ganze Kör=
per bestreuet, so, daß er durch die Lupe schagrinartig
aussieht. Außer diesen sind noch zu beiden Seiten fast
auf allen Ringen drei Paar schwarze auf einer Seite
weißeingefaßte Punkte, wovon das erste Paar zwischen
der Rückenlinie und dem zur Seite laufenden stahl=
blauen Striche, das zweite Paar zwischen diesem und
der zitronengelben Streife, auf den drei ersten Ringen
gerade unter einander, auf den Uebrigen aber schreg
steht. Unter dem gelben Streife ist auf den drei ersten
Ringen nur ein schwarzer Punkt; auf dem Vierten und
Fünften sind zween untereinander, und auf den Uebri=
gen stehen sie schreg. Die ersten und lezten Ringe auch
der ganze Unterleib fallen etwas ins Grünliche. Auf
jedem der beschriebenen schwarzen Punkte sizt ein sehr fei=
nes kaum sichtbares Härchen. Am Kopfe und After
befinden sich mehrere dergleichen.

An verschiedenen Raupen von dieser Art bemerkte
ich in der Zeichnung einigen Unterschied, weswegen ich
sie von jener absonderte. Die gelbe Seitenstreife war
bei ihnen breiter und ins Grünliche gemischt. Dicht
an derselben fand sich auf jedem Ringe ein schwarzes
mit ihr gleichlaufendes Strichelchen, in dessen Mitte
zween weiße Punkte neben einander standen, welche ei=
nen schwarzen Punkt mitten über sich hatten. Der
blaßstahlblaue Strich am Rücken lief nicht gerade, son=
dern in etwas schregen Absätzen. Die schwarzen Punk=
te an demselben und die unter der gelben Streife waren
mehr grau als schwarz und kaum sichtbar; auch zog
sich neben jedem Einschnitt querüber eine Falte.

Beide Raupen leben zu einer Zeit ungefehr von der Mitte des Heumonats bis zu Ende des Erntemonats. Sie nähren ſich von mehrern Pflanzen, von Spitzwegerich (Plantago lanceolata) Breitwegerich (Plantago maior) Gartenmelde (Atriplex hortenſis) u. d. g. Wenn ſie am Tage freſſen; ſo geſchicht es verdeckt unter den Blättern, und meiſtens nur alsdenn, wenn es ihnen des Nachts an Futter gefehlt hat: Denn dieß iſt die gewöhnliche Zeit, da ſie wieder aus der Erde oder unter den Blättern, wo ſie verſteckt gelegen, hervorkommen, und ans Futter kriechen. Ihr Gang iſt langſam; aber ihre Begierde zu freſſen ſtark.

Um ihre Raupenhaut abzulegen, machen ſie ziemlich tief in der Erde ein dünnes Geſpinnſt, worinn ſie ſich nach acht oder neun Tagen verpuppen. Einige, die in einer Schachtel ohne Erde geblieben, nagten Späne von dem darinn befindlichen Korkholze, webten ſolche in ihr Geſpinnſt, und legten ihre Haut unter einem Blatt ſo gut ab, wie die Andere in der Erde.

Die Puppe Tab. IV. fig. 2. iſt von der Raupe Tab. IV. fig. 1. An ihrer Schwanzſpitze iſt eine kleine zweizackichte Gabel. Ihre Farbe iſt dunkelrothbraun. Die Puppe derjenigen Raupe, welche, wie ich geſagt, von der Tab. IV. fig. 1. in der Zeichnung etwas abweicht, iſt von der nämlichen Farbe. An ihrer Schwanzſpitze Tab. IV. fig. 9. befinden ſich außer der kleinen Gabel noch zween ſeitwärts ſtehende Dornen, welche jene nicht hat.

Aus dieſer Puppe kömmt im Brachmonat des folgenden Jahrs das Männchen Tab. IV. fig. 4. und aus jener Tab. IV. fig. 2. das Weibchen Tab. IV. fig. 3.

Die Bartspitzen an diesen Phalänen sind kurz, und breit. Ihre dunkelbraune Farbe wird nach der Spitze zu heller. Die Augen sind bräunlichschwarz. An den borstigen Fühlhörnern erscheinen durch die Lupe an jedem Gliede zwei feine Haare, und zwischen diesen sind die Seiten mit noch zärteren kurzen Härchen besezt; der Rücken ist schuppig. Der Halskragen besteht aus zween hellleberfarbenen Bögen, welche mit einem sehr schwarzen Striche gezeichnet sind. Dicht hinter demselben steht auf dem Rücken ein sehr kleines trichterförmiges Büschelchen. Der Rückenschild ist leberfarbig. Der Hinterleib hat auf jedem Ringe drei kleine Haarbüschel, wovon einer auf dem Rücken, und die andern an den Seiten stehen; oben ist er aschgrau, unten ins Braune gemischt. Der After ist mit langen Haaren bedeckt. Bei dem Weibchen sind die kleinen Haarbüschel nicht so merklich, und der Rückenschild dunkler.

Die Flügel sind sehr wenig gezackt. Die Grundfarbe bei den Oberflügeln des Männchen ist leberbraun: bei dem Weibchen fällt sie ins Erdbraune. Am Rückenwinkel befindet sich ein dreilappiger unterwärts mit einer hellen Linie eingeschlossener Fleck, unter welchem eine dunkle Zapfenmakel steht, die mit einer schwarzen Linie eingefaßt ist. Dann folgt ein länglichtrunder und daneben ein Nierenfleck, welche beide besonders beim Weibchen ganz undeutlich und nach dem Vorderrande zu offen sind. Unter diesen Flecken geht bei den Weibchen eine feine wellenförmige Linie quer durch die Flügel; bei dem Männchen ist nur ein Anfang davon. Dicht am Vorderrande nicht weit vom Vorderwinkel stehen drei hellbraune Punkte. Am äußern Rande geht quer=

durch eine zikzackichte Linie, welche in der Mitte die Geſtalt eines lateiniſchen W hat. Der Grund der Unterflügel iſt oben blaßbraun, und wird gegen den äußern Rand zu immer dunkler, beinahe ſchwärzlicht. Am Hinterwinkel iſt eine kurze hellbraune wellenförmige Linie. Die Unterſeite der Flügel fällt ins Aſchgraue, und hin und wieder ins Braune. In jedem Flügel zeigt ſich ein kleiner ſchwärzlichter Mondfleck und eine undeutliche Streife. Die Füße ſind Aſchgrau, und die Hüften und gedornten Schenkel haaricht.

Nicht allein die Aehnlichkeit dieſer beiden Schmetterlinge, die ungeachtet ihrer Abweichungen doch immer ſehr auffallend bleibt, macht es mir mehr als wahrſcheinlich, daß ſie zu einer Art gehören, ſondern auch die denen Männchens eigenen krummen Häkchen am Hintertheil, welche ich bei allen denen gefunden, die Tab. IV. fig. 4. abgebildet worden; bei denen fig. 3. aber vermißt habe. Ihr Unterſchied verdient indeſſen um ſo mehr bemerkt zu werden, weil er in allen Geſtalten, der Raupe, Puppe und des Inſects ſelbſt ſichtbar iſt.

13.

PHALAENA NOCTUA DOMIDUCA.

Die Sturmhaube.

P. Noctua fpirilinguis criftata, alis incumbentibus
violaceis, fafciis faturatioribus: pofticis dilucide aurantiis ad bafin et fafcia fubmarginali nigris.

m. *long.* lin. 8. *lat.* 4.

f. — — 9. — $4\frac{1}{4}$.

Berliner Magazin 3 B. S. 404. Nr. 81. Phal. Domiduca.
Die Sturmhaube.

Naturforfcher 9. St. S. 135. Nr. 81. Ph. Domiduca.

Syft. Verz. der Schmetterlinge d. W. G. S. 78. Nr. 19.
Weißblaulichte braunfleckichte Eule N. Janthina.

Defcr. Palpi Phal. Tab. IV. fig. 5. breues, porrecti,
pallide fulphurei, *Oculi* fufcefcentes. *Antennae* fetaceae pilofae, rachi fquamatae fubtus teftaceae. *Caput* et crifta collaris fulphurea. Pars
criftae fuperior *thorax* et *abdomen* tergo grifeo-
fufca, anus barbatus niger. *Pectus* fulphureo-
albefcens; venter teftaceus, fegmentis quatuor
pofticis margine ciliatis. Pedes fpinofi fulphu-
reo-albidi, tarfi fufco interrupti. *Alae* primariae fupra violaceae oliuaceo variae, fafcia verfus
bafin et in medio tranfuerfa violaceo-nigricante,
verfus marginem exteriorem janthina dilucida
exeunte; macula ad apicem lineaque terminali
ante cilia teftacea; ftigmatibus ordinariis; punctis quatuor aurantiis et aliis in margine craffiore

pallide fulphureis.   Subtus nigrae, antice et poftice albefcentes apice teftaceae; fecundariae dilucide aurantiac latere antico teftaceo, fafcia lata
nigra terminali duas tertias alae partes tantum
complectente.

Die kurzen Bartſpitzen der Phaläne Tab. IV. fig. 5.
haben eine blaßſchwefelgelbe Farbe.   Die Augen ſind
hellbräunlich.   Die borſtenförmigen Fühlhörner des
Männchen haben zu beiden Seiten viele kurze ganz feine
Härchen, worunter auf jedem Gliede zwei vor den übrigen hervorragen; Den weiblichen Fühlhörnern fehlen
die kürzern.   Der Rücken von beiden iſt ſchuppicht
und gelblichweiß, die untere Seite ziegelfarbig.   Der
Kopf und untre Theil des Halskragens ſind ſchwefel-
gelb; lezterer iſt durch eine hellochergelbe Linie ganz gerade und ſcharf vom obern Theil abgeſchnitten, welcher
ſo wie der Rücken graubraun und mit vielen hellern
Punkten beſtreuet iſt.   Die Bruſt geht aus dem Schwe-
felgelben faſt ganz ins Weiße über.   Der Hinterleib iſt oben graubraun und unten ziegelfarbig; die
vier lezten Glieder ſind an beiden Seiten mit kurzen,
und der After mit langen Haaren gebärtet; Dieſe ſind
ſchwarz, und jene gleichen der Farbe des Unterleibes.
Die dornichten Füße ſind wie die Bruſt gefärbt; die
Fußblätter haben braune Flecke.

Die Oberflügel ſind oben von Rückenwinkel an bis
zur Mitte olivengrün, und von da bis an den äußern
Rand veilchenblau.   Dieſe Farben ſtehen aber nirgend
rein, ſondern ſind durch helle und dunkle Punkte gemiſcht.   Sie haben in Kleinen viel Aehnlichkeit mit

der Zeichnung eines Perlhuhns. Quer durch die Mitte
geht eine ziemlich breite dunkelblaue fast schwärzlichte
Binde, zwischen welcher und dem Rückenwinkel sich eine schmälere befindet, die nicht so dunkel ist. In der
breitern steht eine Nierenmakel, deren schwärzlichter
Umriß sich nur durch vier hellgelbe Punkte bemerken
läßt. Zwischen beiden Binden ist eine länglichrunde
mit einer gelblichen Linie eingeschlossene Makel. Nicht
weit vom äußern Rande zeichnet sich noch eine dunkle
Binde aus, welche am Vorderrande braun ist, dann
ins Veilchenrothe übergeht, und sich an der obern Seite
verliert. Zwischen dieser und der mittlern Binde stehen
vier pomeranzenfarbene und nicht weit vom Rückenwinkel zween schwefelgelbe Punkte am Vorderrande. Den
äußern Rand schließt eine ziegelfarbene Linie ein, die
sich an der Spitze mit einem ähnlichen Fleck endiget.
Auf der Unterseite sind diese Flügel schwarz, am Vor-
der- und Hinderrande weißlich und an der Spitze dun-
kelziegelfarbig. Die hellpomeranzenfarbenen Unterflügel sind oben am Rückenwinkel schwärzlicht, und haben
am äußern Rande eine breite schwarze Binde. Diese
zeigt sich auch auf der Unterseite, doch nimmt sie hier
nur zwei Drittheil von der Breite des Flügels ein;
denn am Vorderrande geht längst dem Flügel eine dun-
kelziegelfarbene Binde her, die am Vorderwinkel wohl
ein Drittheil von der Breite des Flügels hat.

Die Farben dieser Phaläne auf der Oberseite der
Oberflügel sind nicht beständig. Bei einigen fallen die
schwärzlichten Binden beinahe ins Braune, und der
Grund von der Mitte bis zum äußern Rande ist grau,
oft fast gar nicht ins Bläuliche gemischt. Alle Abände-

rungen anzuführen, würde hier zu weitläuftig sein. Dasjenige Exemplar, welches ich beschrieben, war den Farben nach eins der Schönsten, so ich gesehen habe.

14.

PHALAENA BOMBYX VELITARIS.

Die Segelmotte.

Phal. Bombyx elinguis, criſtata, alis pallide moſchatinis: ſuperioribus ſtrigis duabus albis vndatis lineola intra apicem fuſca.

long. lin. $7\frac{1}{2}$ *lat.* 4.

Berliner Magazin 3. B. S. 394. Nr. 64. Phal. Velitaris die Segelmotte.

Naturforſcher 9. St. S. 129. Nr. 64. Phal. Velitaris.

Deſcr. Oculi Tab. IV. fig. 8. fuſci. *Antennae* pectinatae, foeminae ſetaceae. *Criſta* collaris toriformis, dorſalis thoracis valuulis lunatis canis fuſco punctatis. Pectus et abdomen coloie nucis moſchatae, ano barbato. *Alae* anteriores ſtriga ad baſin vtroque latere fuſca, altera latere tantum exteriore et interrupte: margine exteriore denticulis albis, tenuiore lobo ciliari fuſco. *Inferiores* pallide ſtriatae, ſubtus concolores griſeo-fuſceſcentes, faſcia obſoleta.

Die Augen von der Phaläne Tab. IV. fig. 8. ſind bräunlich. Der wulſtförmige Halskragen iſt weiß und am hintern Rande braun. Auf jeder Seite des Rückens

steht ein Büschelhaare, welches von oben platt und
nach der Mitte zu mit einem halbrunden braunen Bogen
eingefaßt ist.   Der Hinterleib hat blaße Muskatennuß-
farbe und ist etwas gebärtet.

Die Grundfarbe der Flügel kömmt mit der Farbe
des Leibes überein.   Durch die Obern gehen zwei weißliche wellenförmige Streifen, wovon die Obere auf beiden Seiten, die Untere auf der innern Seite sehr un-
merklich, auf der äußern stark aber unterbrochen braun
eingefaßt ist.   Von der Spitze zieht sich ein brauner
Strich fast bis an die untere Binde.   Der äußere
Saum ist durch eine braune Linie vom Rande unterschieden, welche durch weiße Zähne unterbrochen ist.
Am Hinterrande steht in der Mitte ein merklicher
Zahn oder Haarbusch von dunkelbrauner Farbe.   Durch
die Unterflügel geht eine blaße Streife.   Die Unterseite der Flügel ist graubräunlich mit einer undeutlichen
Binde gezeichnet.   Die mit langen Haaren versehenen
Füße gleichen der Farbe des Unterleibes.

15.

PHALAENA TINEA PERLELLA.

Die Perlmotte.

Phal. Tinea alis oblongis margaritato-fulgidis, subtus furuis.

long. lin. 6.

SCOPOLI Entom. Carn. p. 243. ſp. 620. Phal. Perlella.

Deſcr. Palpi Tab. IV. fig. 6. quatuor albi, antici le-
niter deflexi poſtici breuiores. *Oculi* fuſceſcentes. *Antennae* ſetaceae albicantes. *Caput* albi-
dum. *Corpus* cano ſplendidum. *Alae* conuo-
lutae, anteriores ſupra codem, quo margaritha,
colore micantes; inferiores cinereo ſplendidae
pilis argenteis ciliatae.

Die vordern Bartſpitzen Tab. IV. fig. 6. ſind anderts
halb Linien lang und ſehr wenig unterwärts gebogen;
die hintern haben ungeſehr den fünften Theil der Länge
und ſtehen gerade aus. Jene ſind etwas kegelförmig
und haben oben eine glänzendweiße und unten eine graue
Farbe. Die Augen ſind bräunlich. Die borſtenarti-
gen Fühlhörner ſind weißlich. Der Kopf iſt weiß und
der Leib ſchimmert ins Graue.

Die Oberflügel haben oben einen faſt ſchönern Glanz,
als eine Perl und ſchielen, wie dieſe in ein ſehr zartes
Grün und Blau. Auf der Unterſeite ſind ſie bräunlich
aſchgrau, und haben rund herum einen weißlichen Rand.
Die Unterflügel ſind auf beiden Seiten hellaſchfarbig,
und am Rande ſilberweiß. Ihr Glanz kömmt den

Oberflügeln nicht gleich). Die Vorderfüße find bräunlich, die hintern etwas heller.

16.

PHALAENA TINEA PINETELLA.

Die Fichtenmotte.

Phal. Tinea alis anticis pallide aurantiis; alba py-
ramide longitudinali fafciis binis colore alae interrupta.

SCOPOLI Entom. Carn. p. 243. fp. 620.

long. lin. 5.

LINN. Syft. Nat. ed. 12. p. 886. fp. 358.
Faun. Suec. 1368. P. T. Pinetella.

Müllers Linn. Naturfyft. 5. Th. 1. B. S. 738. fp. 358.
Die Fichtenmotte.

FABRIC. Syft. Entom. p. 657. nr. 13. Tinea Pinetella
Linn. Charaftere.

CLERC. Phal. t. 4. fig. 15.

MULLER Zool. Dan. p. 133. fp. 1544 P. Tin. Pinetella,
Linn. Charaftere.

Syftem. Verz. der Schm. d. W. G. S. 134. nr. 7. Die
Föhrenfchabe, Tin. Pinetella.

Defcr. Palpi Tab. IV. fig. 7. quatuor fupra candi-
di, fubtus ochreacei; antici linguaeformes le-
viter incurui, poftici breuiores. *Oculi* fufcefcentes. *Antennae* fetiformes grifeae lucidae. *Caput*
pectus totumque *abdomen* albi coloris nitidi; *tho-*
rax albus lateribus filaceis; anus barbatus. *Alae*
convolutae, *fuperiores* punctis marginalibus ni-

gris plicis interjectis, subtus pallide cinereae limbo flauescentes. *Inferiores* vtrinque pallidae fur-
vae. Tibiae alis concolores.

Die Bartspitzen dieser Motte Tab. IV. fig. 7. sind
oben glänzendweiß, an den Seiten und unten ocherbraun; die Vordern sind lang und sehr wenig unterwärts gekrümmt. Sie schließen an dem aufgerollten
Saugrüssel fest an, und wo dieser sich endiget, treten
ihre Spitzen dicht zusammen; daher haben sie eine zun-
genförmige Gestalt. Die Augen sind bräunlich. Die
borstigen Fühlhörner sind glänzend ocherbraun. Der
Kopf und die Mitte des Rückens hat einen weißen
Glanz. Lezterer ist an den Seiten braun. Die Brust
und der ganze Hinterleib fällt sehr wenig ins Greise.
Der After ist mit gelblichen Haaren bedeckt.

Längst durch die Oberflügel geht ein piramidenför-
miger Fleck von weißer seidenartiger Farbe, dessen Spitze
dicht am Rückenwinkel anfängt. Dieser ist von der
ocherbraunen Farbe des Flügels, welcher am Vorder-
und Hinterrande meist ins Pomeranzenfarbige fällt, zweimal schreg unterbrochen. Am äußern Rande sieht in jeder Falte ein schwarzer Punkt. Die Unterseite dieser
Flügel ist blaßaschfarbig, am Rande gelblichweiß. Die
Unterflügel sind auf beiden Seiten blaßbräunlichgrau,
und haben einen gelblichweißen Saum.

Nach der linneischen Beschreibung ist der pirami-
denförmige Fleck nur einmal unterbrochen, welches mit
der Abbildung des Clerc übereinkömmt, bei der am
äußern Rande der glänzende weiße Strich oder der
Grund der Piramide fehlt. Herr Scopoli, mit des-

sen Beschreibung unsre Phaläne aufs genaueste überein-
stimmt, hat gleichwohl den Linne' angezogen, und deswegen habe ich kein Bedenken getragen, ihm hierinn zu
folgen. Eine kleine Abänderung würde auch nicht
hinreichend sein, zwo verschiedene Arten daraus zu
machen.

I.

PAPILIO PLEBEJVS VRBICOLA SILVIVS.
Silvius.

P. Pleb. Vrb. alis integerrimis, diuaricatis; anticis
luteis rubido maculatis, posticis coloribus inuersis.

long. lin. 6. *lat.* 3⅔.

Descr. Palpi Tab. V. fig. 1. porrecti luteo-nigri.
Oculi glauci. *Antennae* clauatae nigrae, subtus
luteae. *Thorax* piceus; *pectus* flauescens. *Abdomen* nigrum lanugine luteum. *Alae* integrae,
anteriores vtrinque luteae, maculis disci quatuor
ordineque labecularum subterminali et fimbria
rubidae; posteriores supra rubidae subtus nigrae
luteo irroratae, maculis vtrinque et ciliis luteis.

Die Bartspitzen dieses Zweifalters Tab. V. fig. 1.
stehen gerade aus und sind mit langen schwarzgelblichen
Haaren besetzt. Die Augen fallen in Schimmelfarbe.
Die keulenförmigen Fühlhörner sind auf der obern Seite
schwarz und unten veilchengelb. Der Rücken ist pech-
schwarz; die Brust gelblich. Kurzes gelbes Haar bedeckt den schwarzen Hinterleib besonders auf der untern
Seite.

Die Oberflügel haben ein schönes Veilchengelb, das
auf der untern Seite etwas blaßer ausfällt.   In der
Mitte der Oberseite steht ein Fleck, der dieselbe Figur
hat, wie das Pik auf den französischen Kartenblättern.
Ueber demselben nach dem Rückenwinkel sind drei länglichte Flecke, und nicht weit vom äußern Rande befinden sich achte in einer Querreihe, woven zween am Hinterwinkel zusammenfließen.   Sie haben wie der Saum
eine röthlichschwarze Farbe.   Auf der Unterseite hat der
mittlere Fleck eine andre Gestalt, und die am Rande
sind etwas größer.   Die Farbe der Unterflügel kömmt
auf der Oberseite mit diesen Flecken überein.   Ein länglicht schmaler Fleck, welcher am Rückenwinkel anfängt
und an beiden Enden verjüngt ist, vereinigt sich in der
Mitte des Flügels mit einer größern fast länglichtrun-
den Makel; und eben da stehen zu beiden Seiten zween
kleinere länglichtrunde Flecken.   Die große Makel ist
durch eine kurze Linie mit einem kleinen runden Fleck zu-
sammengehängt, der nicht weit vom äußern Rande noch
zween länglichtrunde Flecken neben sich hat, so daß alle
Flecken in einem gewissen Ebenmaaß geordnet sind; am
Hinterwinkel befinden sich noch ein paar kleine Punkte.
Sie haben so wie die Flecken und der Saum die Farbe
der Oberflügel.   Die Unterseite ist schwarz mit Gelb
bestäubt.   In der Mitte sind fünf gelbe Flecken, und
achte, welche dicht am äußern Rande stehen, sind von
einer schwärzlichten Linie quer durchschnitten.   Die Füße
sind gelblichschwarz.

Dieser Schmetterling hat seiner Größe und Gestalt nach sehr große Aehnlichkeit mit dem Papilion Pa-

niskus des Herrn Fabrizius a) der sich auch in hiesiger Gegend findet, und wovon Herr Sülzer b) und Esper c) auch Herr Capieur d) in Leipzig Abbildungen geliefert haben.

Der Unsrige hält sich im Elm einem ohnweit von hier gelegenen Walde auf.

2.

PAPILIO NYMPHALIS PHALERATVS ARSI-
LACHE.

Arsilache.

P. Nymph. Phal. alis rotundatis fuluis nigro-macu-
latis: inferioribus fubtus maculis nouem argenteis
marginalibus et fafcia mofchatina argenteo terminata.

f. *long.* lin. 10. *lat.* 6.

Espers Fortsetzung des I. Th. der europäischen Schmetterlinge S. 35. Tab. LVI. cont. VI. fig. 5. P. N. Phal.
Arfilache, die Arfilache.

Defcr. Palpi Tab. V. fig. 3. 4. flauentes fupra nigricantes. *Oculi* fufci. *Antennae* capitatae, ful-
vae, capitulo nigro annulato. *Corpus* pilofum
pullum, fubtus flauefcens; anus lanatus. Pedes
fului grefforii. *Alae* antrorfum fuluae ad bafin
nigrae, margo externus pallidus nigro interru-
ptus, quem verfus duo macularum ordines cae-

a) Syftema Entom. p. 531. n. 377.
b) Abgekürzte Gef. der Inf. p. 147. Tab. 19. fig. 8. 9.
c) Schmetterlinge I. Th. S. 322. Tab. 28. fuppl. 4. fig. 2.
d) Naturforfcher 12. St. S. 71. Nr. 2. Tab. 2. fig. 11. 12.

terique characteres fere iidem ſunt, quibus Pap.
Euphroſyne gaudet.   Subtus alae primariae ſub-
concolores ſed margine exteriore et apice ſatura-
tim moſchatinae ſulphureo maculatae; Secunda-
riae colore floris moſchati ſaturatiores, maculis
ſeptem marginalibus ſulphureis, quibus adſtant
totidem argenteae, quarum mediae prae ſe ha-
bent maculam ſulphuream; tum ſerie ocellorum
ſex et duabus maculis argenteis, quas faſcia ruti-
lata tranſuerſa excipit, ſupra quam moſchatina
eſt maculis argenteis incluſa.

Die Bartſpitzen dieſes Zweifalters Tab. v. fig. 3. 4.
ſind bei dem Weibchen unten hellgelb, bei dem Männchen bräunlichgelb; oben fallen ſie bei jedem Geſchlechte
ins Schwarzbraune.   Die Augen ſind hell auch wohl
dunkelbraun.   Mitten an der Kolbe der braungelben
Fühlhörner befindet ſich ein ſchwarzer Ring.   Der Leib
iſt haaricht, oben rauchfarbig, und unten ins Gelbe gemiſcht.   Den After des Männchen bedecken bräunlich-
gelbe Haare.   Den Vorderfüßen fehlen, wie bei dieſen
Arten gewöhnlich, die Fußblätter.   Die Farbe der
Füße ſpielt ins Bräunliche.

Die Oberſeite der Flügel hat ein brennendes Braun,
ſo ins Pomeranzengelbe fällt.   Am Rückenwinkel nimt
ein ſchwärzlichter Fleck, welcher mit hellbraunen Haaren bedeckt iſt, einen guten Theil derſelben ein.   Der
äußere Rand iſt blaßbraun und durch ſchwarze Flecke
unterbrochen.   Die ihm zunächſt ſtehenden zwo Reihen
gleichfarbiger Flecken und die übrigen Makeln ſind von

den Zeichnungen des Pap. Euphrosyne wenig unterschieden. So kömt auch die Unterseite der Oberflügel mit
diesem Schmetterling ziemlich überein. Schwefelgelbe
Flecken im Saum, am äußern Rande und Vorderwinkel in einem muskatbraunen Grunde und etwas Röth-
liches am Rückenwinkel machen einigen Unterschied.
Die Unterflügel fallen in die Farbe der Muskatblüthe,
doch sind sie dunkler. Sie haben am Saum sieben
schwefelgelbe Flecke. Ueber diesen stehen eben so viele
silberne, am Vorderwinkel die größten; die folgenden
nehmen nach und nach an ihrer Größe ab, und der sie-
bente macht nur einen Punkt aus. Vor dem vierten
und fünften von Vorderwinkel an gerechnet, ist eine
schwefelgelbe Makel, die bei einigen Exemplaren ins
Bräunliche übergeht. Hiernächst folgt eine Reihe von
sechs zum Theil blinden Augen, welche mit braunrothen
Schatten umzogen sind. Ueber denselben befindet sich
am Vorderrande eine silberne Makel. Ein gelber und
ein silberner krummer Strich steht im Hinterwinkel.
Quer durch die Mitte der Flügel geht eine röthlichgelbe
Binde, und über ihr eine dunkle muskatfarbene, welche
an beiden Seiten mit silbernen Flecken eingefaßt ist.

So nahe dieser Schmetterling mit dem Pap. Euphrosyne verwandt zu sein scheint: so weicht er doch in
verschiedenen Zeichnungen, besonders in den weit schö-
ner gemahlten Unterflügeln merklich von ihm ab. Wir
haben ihn in hiesiger Gegend noch nie da angetroffen,
wo wir jenen alle Jahre sehr häufig gefunden haben.

An frischen und noch nicht abgeflogenen Exemplaren habe ich eben so wenig, wie bei der Euphrosyne, ge-
zähnte Flügel entdecken können.

Die Tafel worauf dieser Schmetterling vorgestellt worden, war schon fertig, als die espersche Abbildung herauskam.

3.

PAPILIO PLEBEJUS RURALIS OPTILETE.

Das Gelbauge.

Pap. Pl. rur. alis caudatis : e fusco et saturate coeruleo bicoloribus, posticis cum ocello ad angulum ani aurantio.

long. lin. 7. *lat.* 4½.

Descr. Palpi apice subulati, supra fusci. *Antennae* capitatae nigrae albo annulatae. *Thorax* et *abdomen* fusco-nigra; *pectus* coerulescens, *venter* albidus. *Alae* maris supra sature coeruleae albo ciliatae; alam foeminae Tab. V. fig. 5. 6. mediam sature coeruleo, oras extremas fusco occupante cum lineola inferiorum subterminali albescente et ocello ad angulum posticum aurantio. Subtus omnes e fusco cinerascentes, basi coerulescentes margineque exteriore duplici serie macularum atrarum; insuper puncta nigra ocellaria iride alba 6 vel 7 in primariis, 9 vel 11 in secundariis praeter lunulam nigram maculasque duas l. tres marginales aurantias pupillis coeruleo-argentatis.

Die Bartspitzen dieses Tagvogels sind oben schwärlicht, unten blaulichweiß.　Die schwarzen kolbenähnlichen Fühlhörner haben weiße Ringe.　Der Rücken und Hinterleib ist oben schwärzlichtbraun.　Die Brust ist blaulichweiß; der Unterleib weißlich.

Die Flügel des Männchen sind oben ganz türkisblau und schillern ins Schwarze.　Was Herr Kühn a) von den schönen Farben des Pap. Quercus Linn. sagt, gilt auch von diesem.　Bei dem Weibchen Tab. v. fig. 5. sind sie nur in der Mitte türkisblau und umher dunkelbraun.　Außerdem ist es durch den weißen Saum, durch eine feine weißliche Linie nahe am äußern Rande und durch ein pomeranzenfarbiges Auge am Hinterwinkel der Unterflügel von dem männlichen Schmetterling hinlänglich unterschieden.　Bei einigen Exemplaren fehlt das Auge.　Die Unterseite der Flügel Tab. v. fig. 6. geht aus dem Braunen ins Aschfarbige über; die Rückenwinkel sind blaulichweiß.　Am äußern Rande stehen zwo Reihen schwarzer Flecken; außer diesen in den Oberflügeln sechs bis sieben, in den Unterflügeln neun bis eilfe derselben, auch in jedem Flügel eine kleine Mondmakel.　Alle diese Flecke sind mit einem weißen Rande eingefaßt.　Am Hinterwinkel der Unterflügel stehen zwei bis drei röthliche Flecken, welche ein blaues silberglänzendes Auge haben.

Diese Art findet sich in hiesiger Gegend.

a) Naturforscher. 14. St. S. 51.

Der Rüſſelkäfer verdient wegen ſeines volkreichen Ge-
ſchlechts wegen ſeiner ſonderbaren und von andern Käfern ſo
ſehr unterſchiedenen Geſtalt, auch wegen des mannigfaltigen Schadens, den er an Bäumen, Pflanzen, und vorzüglich auf den Kornböden an verſchiedenen Hülſenfrüch-
ten zu verurſachen pflegt, noch immer Aufmerkſamkeit,
um die Geſchichte und Geſtalt einzelner Arten näher
kennen zu lernen, und noch unbekannte Theile an ihm
zu entdecken, wodurch mancherlei Gattungen beſſer un-
terſchieden und eingetheilt werden können.

Unter den Schriftſtellern, welche von dieſem Käfer-
geſchlechte gehandelt haben, hat Geer nach meiner Ein-
ſicht daſſelbe ziemlich genau beſtimmt.

„Nach ihm a) beſteht der Hauptcharakter des Rüſ-
ſelkäfers in der Figur des Kopfs, welcher in Geſtalt des
walzenförmigen Rüſſels verlängert, hart und hornartig,
bei einigen Gattungen ſehr lang, bei andern aber kurz
und am Ende mit zween kleinen Zähnen verſehen iſt, ſo
daß ſich das Maul ganz an dem äußerſten Theile dieſes
Rüſſels befindet.   Sowohl die langen als kurzen Rüſſel ſind an ihrem Ende weit dicker als in der Mitte, und
außer den zween Zähnen ſieht man daran vier Fühlſpizen, die ſich aber wegen ihrer gewöhnlichen Kürze nicht
ſogleich bemerken laſſen.   An langen Rüſſeln ſizen die
Fühlhörner gewöhnlich ziemlich weit vom Ende, bisweilen faſt in der Mitte; aber an kurzen Rüſſeln ſind
ſie dem Ende ſehr nahe.

Der zweete Charakter läßt ſich von der Geſtalt und
Stellung der Fühlhörner hernehmen, welche aus eilf
Gliedern beſtehen, auf die Seiten des Rüſſels in eini-

a) de Geer Inſ. Tom. V. p. 199. ſqq.

ger Entfernung vom Ende gesezt sind und sich mit einer
Kolbe endigen, die gewöhnlich etwas länglicht ist, und
aus den drei lezten Gliedern besteht, wovon das Aeußer=
ste in eine kegelförmige Spize ausläuft. Man findet
an diesen Fühlhörnern einen merklichen Unterschied. Ei=
nige sind in der Mitte gebogen oder gleichsam in zween
Hauptheile getheilt, wovon den Ersten nur ein einziges
sehr langes Glied ausmacht, das allein beinahe eben so
lang ist, als alle die andern, welche zusammen den
zweeten Theil enthalten, der sich mit einer Kolbe endi=
get. Eine andre Art von Fühlhörnern ist gar nicht ge=
bogen, sondern beinahe gerade. Ihre kornförmigen
Glieder haben fast eine gleiche Länge. Das Erste ist
nicht viel länger als die Folgenden.

Den dritten Charakter bestimmt die Figur der Fuß=
blätter. Diese bestehen alle aus vier Gliedern, wovon
das dritte in zween Lappen getheilt ist, welche unterwärts
mit haarichten Platten versehen sind.

Die Hüften des Rüsselkäfers sind gewöhnlich ganz
nahe am Leibe sehr dünn; aber sie werden hernach an=
sehnlich dick, so daß sie in der Mitte wie aufgeschwollen
und am Ende gleichsam kolbenförmig sind. Bei eini=
gen Arten haben alle Hüften unten nicht weit vom
Schienbeine eine harte und unbewegliche Spize, welche
wie ein kurzer kegelförmiger Dorn aussieht. Bei andern Ar=
ten haben nur die vordern Hüften einen solchen Dorn: auch
gibt es solche, deren vordre und mittlere Hüften nur gedornt
sind, dahingegen bei andern die vordern Hüften allein keine
Dornen haben; endlich gibtes auch Arten, an deren
Hüften ganz und gar keine Dornen zu finden sind.

Die Schenkel haben bei allen Gattungen unten am
Ende eine Klaue oder einen spizigen Haken, der hart

und unterwärts gekrümmt ist, womit sich das Insekt sehr fest an den Gegenstand halten kann, worauf es kriecht.

Die hornartige Haut der Rüsselkäfer und ihre Flügeldecken sind sehr hart und fest. Leztere passen sehr dicht an den Leib, und sind an den Seiten des Unterleibes sehr tief herunter gebogen, so daß sie solche ganz bedecken und gleichsam wie angegossen scheinen.

Einige Arten haben keine Flügel aber gleichwohl Flügeldecken, wie andre.

Man findet auch sehr kleine Arten, welche weit springen können, und denen man daher den Namen Springrüsselkäfer geben könnte.

Bei einigen von diesen Insekten sind der Leib und die Flügeldecken mit vielen kleinen länglichten Schuppen bedeckt, die flach liegen, und den Schuppen der Schmetterlingsflügel ähnlich sind. Sie bedecken den Grund der Haut und geben ihr Farben von allen Schattirungen; denn diese Schuppen sind verschieden gefärbt. Andre haben nur Haare anstatt der Schuppen, und bei andern finden sich auf der Haut weder Schuppen noch Haare."

Es scheint hier beinahe alles gesagt zu sein, was den Rüsselkäfer von andern Geschlechten unterscheidet; und ich komme vielleicht zu spät, um etwas Neues zu sagen. Indessen will ich es versuchen, ob mir zu einer Nachlese noch Etwas übrig geblieben sei; ob ich neue noch unbemerkte Theile an diesem Insekt werde entdecken, und dadurch seine Eintheilung mehr bestimmen, ob ich das Allgemeine obiger Bemerkungen durch eigene Erfahrung werde bestätigen oder Ausnamen davon angeben können. In der Absicht will ich von den unten sich verwandten Gattungen allemal eine oder etliche Arten abzubilden und so zu beschreiben suchen, daß Anfänger

daburch die verschiedenen Familen der Rüßelkäfer zu un=
terscheiden im Stande find.

I.

CURCULIO ALBINUS.

Die Weißstirn.

foem. El. *long.* lin. 3. *lat.* 1¼.

Curc. breuiroftris niger, fronte anoque albis, thorace tuberculato.

Linn. Syft. Nat. ed. 12. Sp. 79.

Faun. Suec. Sp. 632.

Müllers Lin. Naturhfft. S. 237. Nr. 79. Die Weißstirn.

Scopoli Ent. Carn. n. 66. Curculio albinus. Antennis
corporis longitudine, thorax tuberculis tribus.

Uddm. diff. 27. Curculio niger, aculeis thoracis tribus,
elytrorum fex.

Mulleri Zool. Dan. Prodr. p. 88. n. 973. C. albinus niger tuberculatus; thorace fubtus: elytris antice et
poftice albis.

de Geer Inf. Tom. V. p. 255. nr. 44. t. 8. fig. I. Charanson à extrémites blanches. Curculio breuiroftris; antennis longis rectis; corpore oblongo nigro hifpido;
capite elytrorumque apice albis; roftro planiufculo
lato.

Defcr. Palpi curc. Tab. VI. fig. 1. 2. quatuor, fufci
quadriarticulati; articuli cuneiformes pilofi, an-
teriorum Tab. VI. fig. 2. apice fubulati. Mandibulae a) Tab. VI. fig. 5. arcuatae, acutae fu-

a) Fabricii Phil. Entom. p. 18. §. 3.

F

fcae. *Oculi* femiglobofi, prominentes picei. *Antennae* Tab. VI. fig. 4. capitatae fufco-nigrae foeminae lin. 1½ longae, articulis vndecim apice albefcentibus, octauo albicante. *Roftrum* Tab. VI. fig. 5. latum breue planum albo-glaucum, apice fufcum. *Caput* Tab. VI. fig. 5. ejusdem coloris vtroque latere macula fufcum. *Thorax* Tab. VI. fig. 1. cordato-retufus poftice marginatus tomentofus, fufcus; a fronte albefcens in medio tuberculis tribus mucronatis tranfuerfis. *Elytrum* Tab. VI. fig. 6. abdomine breuius eique adpreffum rugofum grifeo-fufcum prope apicem glaucum; punctis quatuor tuberofis a margine interno aequali vbique fpatio fejunctis, macula inter punctum anticum et fecundum glauca. *Abdomen* truncatum fubtus grifeum. *Pedes* grifei annulis fufcefcentibus. *Tibiae* atque femora clauata, mutica. Tarforum articuli quatuor, tertius bilobus planta pilofus fecundo vaginae velut ita infixus eft, vt omnino tres tantum effe videantur.

Der Rüffelkäfer Tab. VI. fig. 1. hat vier braune Fühlfpizen, von welchen zwo, die an dem Rücken der Marillen a) fizen aus vier Gliedern beftehen, davon das Erfte fehr kurz, das Dritte etwas kürzer, wie das Zwote und wie diefes kegelförmig, das Vierte mit dem Zwoten gleich lang und pfriemenförmig ift. Alle Glie-

a) Fabricii Philof. Entòm. p. 18. §. 3.

der sind mit seinen Borsten besezt. Tab. VI. fig. 2.
Die hintersten Fühlspizen an der Lippe haben vier kegelförmige Glieder a), wovon die drei ersten auf einer und
das Vierte auf beiden Seiten borstige Härchen hat.
Tab. VI. fig. 3. Die Freßzangen Tab. VI. fig. 5. sind
gebogen, überall glatt, am Ende spiz und haben eine
bräunliche Farbe.

Die nezförmigen Augen Tab. VI. fig. 5. würden vollkommen die Gestalt einer halben Kugel haben, wenn sie
nicht unterwärts nach dem Rüssel zu gerade wären, so
daß ein Theil von der Halbkugel abgeschnitten zu sein
scheint. Ihre Farbe ist glänzend, braunschwarz.

Die Fühlhörner des Weibchen Tab. VI. fig. 4. bestehen aus eilf Gliedern, wovon das Erste halbkugelför-
mig ist. Unter den folgenden drei Gliedern ist das Mittlere
am größten und das Erste am kleinsten. Sie haben eine
kegelförmige Gestalt, so wie die drei Glieder, welche
folgen, wovon das Leztere mit dem achten Gliede sehr
genau zusammen hängt. Dieses ist eiförmig und unter
allen am dicksten. Das Eilfte endiget sich mit einer
Spize. Die fünf lezten Glieder machen die Kolbe des
Fühlhorns aus. Alle Glieder sind bräunlich, und fallen an dem dickern Ende ins Weiße. Das Achte ist
ganz mit weißen Härchen bedeckt b).

a) Herr Fabrizius gibt Gener. Inf. p. 41. den hintern Fühlspizen des Rüsselkäfers drei Glieder. Dieses machte
mich zweifelhaft, ob ich nicht eins zu viel gesehen hätte, bis ich nach wiederholten Beobachtungen von der
Wahrheit überzeugt wurde.
b) Herr Scopoli a. a. O. legt dem siebenten Gliede eine
weiße Farbe bei. Allein er redet der angegebenen Länge nach von den Fühlhörnern des Männchen.

Der Rüssel Tab. VI. fig. 5. ist breit, kurz, flach und mit borstengleichen weißlichschimmelfarbigen Härchen besezt, welche zwei Wirbel machen, unter denen sich das Haar in der Mitte scheidet, den Wuchs nach beiden Seiten richtet, und über die Freßzangen zum Theil herwächst, wo es, so wie die Haare am Maule, eine braune Farbe annimmt.

Der Kopf bekömmt durch die borstigen Härchen, welche ihn decken, die Farbe des Rüssels, und hat über jedem Auge einen braunen Fleck. Der Theil zwischen den Augen ist etwas erhaben.

Der auf der Oberfläche unebene Brustschild Tab. VI. fig. 1. ist herzförmig, vorne stumpf oder abgekürzt. Hinten ist er mit einem Rande eingefaßt, welcher auch die hintere Hälfte der Seiten einnimmt. In der Mitte stehen querüber drei kleine Spizen, wovon die Mittlere eigentlich aus zwo Kleinern besteht, die sich nur durch eine Lupe unterscheiden lassen. Durch die darauf befindlichen borstigen schwarzen Härchen werden sie sehr sichtbar, da der Brustschild übrigens mit kurzen braunen und am Vorderrande mit weißlichen Haaren bedeckt ist.

Die Flügeldecken Tab. VI. fig. 6. schließen sehr dichte an den Hinterleib, den sie an den Seiten, aber nicht am Ende ganz bedecken. Sie sind gefurcht. Quer über die Furchen gehen Vertiefungen, so daß dadurch die Oberfläche runzlicht wird. Nicht weit vom Brustschilde steht ein erhabener Punkt. In der Mitte befinden sich dergleichen drei, welche von dem Vordern etwas weiter als von einander entfernt sind a).

a) Der Mittlere von diesen dreien entgeht bisweilen dem

Sie haben von dem innern Rande der Flügel einen
gleichen Abstand und zeichnen sich durch ihre schwarze
Farbe aus; denn die Flügeldecken haben durch die dar=
auf liegenden borstigen Härchen eine braune Farbe, bis
auf zween weißlichschimmelfarbene Flecke, wovon der
Kleinere den Raum zwischen dem ersten und zweeten
Punkt deckt; der Größre aber gleich hinter dem vierten
Punkte anfängt, beinahe bis an die Spize geht, und
wohl ein Drittheil der ganzen Flügeldecke einnimmt.

Der Hinterleib hat die Gestalt eines Bienenstocks
und unten eine weiße ins Graue spielende Farbe.

An den vordern und mittlern Füßen Tab. VI. fig. 7.
befindet sich ein starkes halbkugelförmiges Gelenke, wo=
durch die Hüfte mit dem Leibe zusammen hängt. An
den Hinterfüßen habe ich solches nicht bemerkt. Bei
diesen ist der Anfang der Hüfte auch nicht so dünn, als
bei jenen. Sie werden aber insgesammt nach der Mitte
zu dicker, verlieren darauf wieder ein wenig von ihrer
Stärke, biegen sich unten einwärts, und bekommen zu=
lezt eine beinahe walzenförmige Gestalt. Die Schenkel
sind keulenförmig und haben so wenig, als die Hüften,
einen Dorn oder Stachel a). Die Fußblätter bestehen
aus vier Gliedern, wovon das Dritte, welches sich in der
Mitte theilt, mit dem Zweiten gleich als mit einem Fut=
teral oben und an den Seiten größtentheils umgeben ist,

Gesicht. Daher haben einige Schriftsteller überhaupt
nur drei Punkte angegeben.
a) Die Bemerkung des Geer und andrer, daß sich an
den Schenkeln der Rüsselkäfer durchgehends ein spizi=
ges Häkchen befinde, leidet also bei dieser und ihr ähn=
lichen Arten eine Ausnahme. Und daher kan dieses
Häkchen kein Geschlechtskennzeichen abgeben.

so daß man es nur unterwärts an den mit Haaren bedeck-
ten Platten, die sich durch eine bräunlichweiße Farbe von
dem schwarzgefärbten zweiten Gliede unterscheiden, deutlich erkennen, beide Glieder aber beim ersten Anblick von
oben, wo sie in der Farbe übereinkommen, nicht anders,
als für ein Einziges ansehen kann.   Die Füße sind
bräunlich ins Weiße gemischt und haben schwarze Ringe.
Die Glieder der Fußblätter sind schwarz und weiß ge-
randet.

Linne' und Herr Fabrizius sezen diesen Rüsselkäfer
in die Familie derer, die einen kurzen Rüssel und Hüften ohne Dornen haben.   Geer zählt ihn unter die Kurzrüßlichten, deren Fühlhörner gerade sind und aus einander gleichen Gliedern bestehen.   Herr Müller bringt
ihn unter die, welche stumpfe Hüften haben, und deren
Rüssel breit und lang ist.   Herr Scopoli macht aus denen, die einen dicken und kurzen Rüssel führen, eine be-
sondre Familie.   Ich bin darinn seiner Meinung, und
habe eben deswegen eine Art von dieser Familie abgebildet und beschrieben: doch mit der Einschränkung, daß
ich in diese Familie nur solche Arten aufnehme, deren Rüssel, wo nicht breiter, doch wenigstens nicht
schmäler ist, als der Kopf.   Die Länge bestim-
me ich so wie Herr Scopoli, und nenne diejenigen Rüssel kurz, welche von Auge an bis zur äußersten Spize gerechnet, nicht so lang sind, wie der Brustschild.

Ein breiter und kurzer Rüssel also, gerade Fühlhörner, so aus eilf Gliedern bestehen, Hüften und Schenkel ohne Dornen würden die vornehmsten Kennzeichen

fein, woburch ſich die Familie des beſchriebenen Rüſſel-
käfers vor andern auszeichnete a).

2.

CURCULIO NEBULOSUS.

Die Wolfendecke.

Elytr. *long*. lin. 4$\frac{2}{3}$. *lat*. **2.**

Curc. breuiroſtris oblongus canus, elytris faſciis
obliquis nigris.

Linn. Syſt. Nat. ſp. 84. ed. 12.

Faun. Suec. ſp. 635.

Müllers Linn. Naturſyſt. S. 238. n. 84. die Wolfendecke.

Fueßlins Verz. S. 11. Nr. 213.

Gleditſch Forſtwiſſ. 2. Th. S. 229. Nr. 31. Der kurz-
ſchnäblichte nebelgraue Rüſſelkäfer mit ſchwarz und
ſchräggeſtreiften Flügeldecken.

Friſch Inſ. II. Th. S. 32. t. 23. fig. 5. Ein Käfer mit etwas kurzen Rüſſel.

Schäffers Icon. t. 25. f. 3.

Fabricii S. E. p. 147. n. 104.

Geoffr. Inſ. Tom. I. p. 278. Curc. 1. t. 4. f. 8. Le Charanson à trompe ſillonnée.

de Geer Ins. Tom. V. p. 241. n. 27. Charanson à trompe
à arrête. Curculio (carinatus) breuiroſtris, antennis
fractis; femoribus muticis; corpore oblongo nigro
maculis faſciisque albidis: elytris gibboſis.

Deſcr. Mandibulae Tab. VI. fig. 9. 10. 11. a. arcuatae latae bidentatae nigrae.   *Oculi* eiusdem co-

a) Roſtrum latum et breue, antennae rectae articulis vndecim, femora et tibiae muticae.

G

loris reniformes Tab. VI. fig. 10.   *Antennae*
Tab. VI. fig. 10. infractae capitatae nigro-gri-
feae, primo articulo longiore canaliculo roftri
laterali infidente, ceteris vndecim cylindraceis,
vltimo conico.   *Roftrum* Tab. VI. f. 10. craf-
fum breue et cum capite canaliculatum fubfer-
rugineum ftriis atris.   *Thorax* Tab. VI. fig. 8.
conico-retufus fcaber, colore nigro pilis ferru-
gineo-grifeis ftriatus.   *Elytrum* Tab. VI. fig. 8.
oblongum fulcatum tomentofum atrum fafciis
quatuor obliquis grifeis. *Abdomen* ouatum fubtus
grifeum. Pedes nigri pilis grifeis. *Femora* cla-
vata mutica. *Tibiae* fpinofae. *Tarfi* fubtus pilofi articulo tertio bilobo.

Der Tab. VI. fig. 8. abgebildete Rüffelkäfer hat, fo
viel ich durch ein fehr gutes Ramsdenfches Vergrößerungsglas mit Nr. 4. fehen können, entweder gar keine
oder äußerft kleine Fühlfpizen a).

a) Diefe Behauptung wird vielleicht einige von meinen Le-
fern befremden, befonders diejenigen, welche mit Herrn
Fabrizius die Gefchlechte nach den Freßwerkzeugen be-
ftimmen. Und ich muß es geftehen: ich bin felbft fehr
lange gegen mein Geficht mistrauifch gewefen; fo wie
ich es überhaupt niemals mehr bin, als da, wo ich
von einmal hergebrachten Meinungen abzuweichen mich
gezwungen fehe. Um aber fo viel, als möglich, alle
Fehler bei meinen Beobachtungen zu vermeiden, nahm
ich folche Exemplare, die ich felbft gefangen hatte, und
wovon ich verfichert war, daß fie nicht befchädiget
worden. Ich wählte zu meinen Beobachtungen die
hellften Tage, an welchen ich meinem Vergrößerungs-
glafe eine folche Stellung gab, daß das Object überall

Die Freßzangen sind gewölbt und liegen etwas über=
einander.   Tab. VI. fig. 9. a. zeigt sich solches sehr deut=
lich, wenn man sie von unten ansieht.   Sie sind ziem=
lich breit und haben zween kleine Zähne, so wie sie
Tab. VI. fig. 11. a. abgebildet worden.   Von der Sei=
te haben sie das Ansehen wie bei Tab. VI. fig. 10. a.
Ihre Farbe ist schwarz.   An jeder Seite der Freßzan=
gen befindet sich eine länglichte halbrunde Fläche Tab. VI.
fig. 10. 11. b.   Sie sehen mit dem sie umgebenden
Rande wie Nasenlöcher aus.   Es findet sich aber nicht
die geringste Höhlung darinn.

Die Lippe Tab. VI. fig. 11. c. ist gedruckt rund,
auf der Oberfläche uneben und von schwarzer Farbe.
Die Theile, womit sie an den Seiten eingeschlossen ist,
stehen am Ende etwas von den Freßzangen ab, wie
Tab. VI. fig. 9. b. zu sehen ist.

Die Augen Tab. VI. fig. 10. sind nierenförmig und
von schwarzer Farbe.

Die kolbengleichen Fühlhörner Tab. VI. fig. 10.
bestehen aus einem langen und zwölf kurzen Gliedern a).

von der Sonne erleuchtet wurde und ich im Stande
war, in alle Vertiefungen des Mauls und der herum=
gelegenen Theile zu sehen.   Ich wiederholte diese Beo=
bachtung mit mehrern selbst gefangenen zu dieser Fami=
lie gehörigen Rüsselkäfern, und glaube izt völlig davon
überzeugt sein zu können, daß es unter diesem Käfer=
geschlecht solche Gattungen gibt, welchen die Fühlspizen
fehlen.

a) Geer gibt als ein Kennzeichen des Rüsselkäfers von den
    Fühlhörnern überhaupt eilf Glieder an; und Herr Sul=
    zer in den Kennzeichen der Ins. S. 58. sezt ihre An=
    zahl auf zehn Glieder.   Herr Schäffer bildet Elem.
    Ent. Tab. 108. f. 3. den Rüssel des Rhinomacer mit
    zwölf Gliedern ab.   Angenommen, daß alle diese An=

Ersteres ist keulenähnlich, die folgenden Eilfe sind meist walzenförmig, das lezte kegelförmig. Das ganze Fühlhorn ist schwarz mit einzeln grauen Härchen besezt; die leztern sechs Glieder, woraus die Kolbe besteht, sind ganz damit bedeckt und haben daher eine greise Farbe. Das erste Glied liegt an der Seite des Rüssels zurückgebogen in einer tiefen Rinne, die sich nicht weit vom Ende des Rüssels anfängt und nahe am Auge endiget. Tab. VI. fig. 9. sind diese beide Rinnen von der untern Seite des Rüssels abgebildet. c zeigt ungefehr die Stelle an, wo sie anfangen. Diese Rinnen finden sich nicht bei allen Käfern, welche ähnliche Fühlhörner haben (antennas infractas) und können daher sehr wohl zu einem Familienkennzeichen dienen a).

Auf der Oberseite des kurzen und dicken b) Rüssels gehen vom Kopfe bis zu Ende desselben drei Furchen oder flache Rinnen, worinn feine gelbliche in Rostfarbe spielende Härchen liegen. Die zwischen ihnen stehenden erhabenen Linien sind schwarz.

gaben richtig sind: so erhellt daraus so viel, daß die Natur sich bei diesem Geschlechte an keine gewisse Anzahl von Gliedern bei den Fühlhörnern gebunden habe. Geoffroy Hist. des Ins. Tom. I. t. IV. fig. VIII. 13. bestätiget meine Bemerkung; denn das daselbst abgebildete Fühlhorn unsers Rüsselkäfers besteht aus eben so viel Gliedern, als ich vorhin gesagt habe.

a) Ich habe diese Rinnen auch bei dem brasilischen Rüsselkäfer bemerkt, welcher im Naturf. 10. St. S. 86. 87. beschrieben ist. An diesem kan ich auch keine Fühlspizen entdecken, wiewohl ich nicht versichert bin, ob er sie verloren gehabt habe. Sonst zeigen sich auch an diesem Käfer zur Seite der Freßzangen die vorhin erwehnten länglichten halbrunden Theile.

b) Dicke Rüssel nenne ich solche, welche dicker sind als die Hüften.

Der Brustschild Tab. VI. fig. 8. gleichet einem ab-
gekürzten Kegel. Seine Farbe ist schwarz. Die oben
längst daraufliegenden greisen mit etwas Rostfarbe ge-
mischten Haare machen fünf Striche, wovon der Mittlere, so über den Rücken geht, am schmälsten ist.

Die Flügeldecken Tab. VI. fig. 8. bedecken den ganzen Hinterleib und sind gefurcht. Die zwischen den Tiefen erhabenen Theile sind mit glänzenden schwarzen
Punkten besezt. Die Grundfarbe ist schwarz. Die
darauf liegenden greisen Härchen machen vier schrägstehende Binden aus.

Der Hinterleib ist eiförmig; unten grau. Die
Füße sind schwarz und mit greisen Härchen bedeckt. Die Hüften kommen mit Tab. VI. fig. 7. überein. Die Schenkel sind am Ende mit einem Stachel
versehen. Die drei ersten Gelenke der Fußblätter sind
unten platt und haaricht. Das dritte ist am größten
und besteht eigentlich aus zwei Gliedern, die nur an der
Wurzel zusammenhängen. Zwischen diesen steckt das
klauenförmige vierte Glied mitten inne.

Beim Linné und Herrn Fabrizius steht dieser Rüsselkäfer unter denen, die einen kurzen Rüssel und stumpfe Hüften haben. Beim Geer trift man ihn unter der
Familie der Kurzrüßlichten an, deren erstes Glied am
Fühlhorn beinahe so lang ist, als die übrigen Glieder zusammen, und deren Hüften ungezähnt oder mit keinem
Stachel versehen sind. Geoffroy rechnet ihn unter diejenigen, so ein keulenförmiges Fühlhorn haben, welches in der Mitte gebogen ist, und mitten an einem langen Rüssel sizet. Da er diese, denen er eigentlich den
Namen curculio (Charanson) beilegt, wieder in zwo

Familien abgesondert: so rechnet er den Unsrigen vornemlich zu solchen, deren Hüften ohne Stachel sind a).

Wenn die linneische und fabrizische Eintheilung für denjenigen, welcher eine Art darunter aufsuchen will, so leicht und bequem wäre, als sie für den ist, der eine neue entdeckte Art unterbringen will: so hätte sie allerdings den Vorzug. Allein je mehr Arten entdeckt werden, desto nöthiger ist es, die Familien genau zu bestimmen. Dieses haben Geer und Hr. Scopoli gethan da sie die Fühlhörner mit zu Unterscheidungszeichen angenommen haben; und lezterer fast noch genauer, indem er nicht nur die Länge sondern auch die Stärke des Rüssels bemerkt hat.

Sollte ich den Familiencharakter unsers Käfers bestimmen: so würde ich ihn unter diejenigen sezen, welche einen kurzen und dicken Rüssel haben; Fühlhörner welche aus einem langen und zwölf kleinern Gliedern bestehen, und an jeder Seite des Rüssels eine tiefe Rinne, worinn das erste Glied liegt; auch Hüften ohne Stachel b).

Daß ich die Anzahl der Glieder des Fühlhorns mit in Anschlag nehme, wird man nicht für überflüßig halten, da es gewiß ist, daß solche bei allen Rüsselkäfern nicht übereinkomme. Die an den Seiten des Rüssels befindliche Rinne aber gibt mir eine bequeme Un=

a) Herr Scopoli würde ihn unter die Infracticornes crassirostres inermes zählen.
b) Rostrum breue et crassum. Antennae infractae articulis tredecim primo longiore caniculo laterali insidente. Femora mutica.

terabtheilung ab, da ich solche nicht bei allen gefunden, welche die übrigen Familienkennzeichen gehabt
haben.

Ich hätte zur Abbildung eine andre Art von dieser
Familie wählen können, da die Unsrige schon von mehrern Schriftstellern abgebildet worden ist; allein es war
mir dießmal mit darum zu thun, daß ich meinen Lesern
bei genauer Vergleichung unsrer und der ältern Abbildungen mit der Natur Gelegenheit geben möchte zu urtheilen, was sie in Betracht des Fleißes und einer ge-
treuen Nachahmung der Natur von unsern Künstlern
zu erwarten haben.

Erklärung
der Figuren.

Erste Kupfertafel.

Fig. 1. Der grüne Spannmesser mit anderthalb weißen Streifen. Ph Geom. Sesquistriataria.

Fig. 2. Das goldene C. Ph. Noct. C aureum.

Fig. 3. Der Schwärzling Ph. Geom. Melanaria.

Fig. 4. Der Punktstrich Ph. Geom. Punctaria.

Fig. 5. Die Raupe von der Punctaria.

Fig. 6. Die Puppe worinn sich die vorhergehende Raupe verwandelt.

Fig. 7. Die Raupe von der Belfußmotte Ph. Geom. Innotata.

Fig. 8. Der Schmetterling von dieser Raupe.

Fig. 9. Die Puppe, woraus gedachter Schmetterling kömmt.

Zwote Kupfertafel.

Fig. 1. Ein Zweig von Schwarzdorn, an welchem ein Schmetterling Phal. Bombyx Eueria seine Eier gelegt und mit den Haaren von seinem After bedeckt hat.

Fig. 2. a. Die Größe eines dieser Eier; b. Ein solches Ei längst in der Mitte durchgeschnitten und vergrößert; c. Der obere Rand eines solchen Eies mit dem darauf liegenden Deckel, vergrößert.

Fig. 3. Die Raupe von gedachter Phaläne.

Fig. 4. Das Tönnchen, worinn sie sich verpuppt.

Fig. 5. Die Puppe selbst.

Fig. 6. Der männliche Schmetterling.

Fig. 7. Der weibliche Schmetterling.

Fig. 8. Die Raupe von der Phal. Geom. Albicillata, dem weißen Schleier.

Dritte Kupfertafel.

Fig. 1. Die Puppe von der Phal. Noct. Argentea, dem silberfleckichten Mönche.

Fig. 2. Der Schmetterling aus dieser Puppe.

Fig. 3. Die junge Witwe, Phal. Bombyx Vidua.

Fig. 4. a. Ein Ei von der Mooßmotte Phal. Geom. Lichenaria in natürlicher Größe; b. Dasselbe Ei vergrößert.

Fig. 5. Die Raupe, wovon dieser Schmetterling kömmt.

Fig. 6. Der vierte Ring von dieser Raupe.

Fig. 7. Ein Zweig von Mooß (Lichen fraxineus) worinn sich gedachte Raupe zu ihrer Verwandlung eingesponnen hat.

Fig. 8. Die Puppe von dieser Raupe.

Fig. 9. Der daraus kommende weibliche Schmetterling.

Fig. 10. Das gekämmte Fühlhorn Phal. Geom. Pectinataria.

Vierte Kupfertafel.

Fig. 1. Die Raupe von dem unähnlichen Weibchen Phal. Noct. Dissimilis fig. 3.

Fig. 2. Die Puppe von dieser Raupe, woraus der weibliche Schmetterling kömmt.

Fig. 3. Dieser Schmetterling selbst.

Fig. 4. Das Männchen davon.

Fig. 5. Die Sturmhaube, Phal. Noct. Domiduca.

Fig. 6. Die Perlmotte, Phal. Tinea Perlella.

Fig. 7. Die Fichtenmotte, Phal. Tinea Pinetella.

Fig. 8. Die Segelmotte, Phal. Bombyx Velitaris.

Fig. 9. Die Schwanzspize von der Puppe, woraus der männliche Schmetterling von der Phal. Diſſimilis kömmt.

Fünfte Kupfertafel.

Fig. 1. Der Papilion Silvius, Pap. Pleb. Urbicola Silvius mit ausgebreiteten Flügeln, von der Oberſeite.

Fig. 2. Derſelbe Schmetterling in ſeiner natürlichen Stellung.

Fig. 3. Der Papilion Arſilache, Pap. Nymph. Phaler. Arſilache mit ausgebreiteten Flügeln.

Fig. 4. Die Unterſeite der Flügel von dieſem Schmetterling.

Fig. 5. Das Gelbauge Papilio plebejus ruralis Optilete, von der Oberſeite der ausgebreiteten Flügel.

Fig. 6. Die Flügel dieſes Schmetterlings von der Unterſeite.

Sechſte Kupfertafel.

Fig. 1. Die Weißſtirn Curculio Albinus.

Fig. 2. Die vordere Fühlſpize dieſes Käfers.

Fig. 3. Die hintern Fühlſpizen deſſelben.

Fig. 4. Ein Fühlhorn von ihm.

Fig. 5. Der Kopf und Rüßel.

Fig. 6. Eine Flügeldecke.

Fig. 7. Einer von ſeinen Vorderfüßen.

Fig. 8. Die Wolkendecke, Curculio Nebuloſus.

Fig. 9. Die Unterſeite des Rüſſels von dieſem Käfer, a) die Freßzangen von unten, b) hornartige Theile, welche an den Seiten der Lippen liegen, c) der Anfang einer Rinne, welche ſich bis zu Ende des Rüſ-

fels erstreckt, worinn das erste Glied des Fühlhorns liegt.

Fig. 10. Der Rüßel von der Seite, a) die Freßzangen, b)
an der Seite der Freßzangen länglichte halbrunde
hornartige Theile.

Fig. 11. a. Die Freßzangen von vorne, b) die vorhingedachten länglichten halbrunden Theile, c) die
Lippe.

Druckfehler.

Seite 1. Zeile 11. statt Naturgekunde, lies: Naturkunde. S. 9. Z. 28. statt Raupe Ph. Chrysitis, l. Raupe der Ph. Chrysitis. S. 12. Z. 2. statt schwärzlich, l. schwärzlicht. S. 13. Z. 13. statt dieses, l. Dieses. S. 14. Z. 21. statt stavescens, l. flavescens. S. 15. Z. 27. statt porstion, l. portion. Z. 28. statt de- l. des. Z. 32. statt que celles, l. que de celles. S. 16. Z. 7. statt der, l. den. S. 23. Z. 6. statt daran, l. davon. S. 25. Z. 7. statt wenig, l. wenigen. S. 27. Z. 24. statt fast, l. auf. S. 37. Z. 11. statt komische, l. konische. Z. 24. statt an, l. am. S. 38. Z. 28. statt vielen, l. vielem. S. 39. Z. 10. statt giebt, l. gibt. Z. 14. statt Insect, l. Insekt. S. 41. Z. 29. statt Stockspannen, l. Stockspannern. S. 44. Z. 8. statt dieser Streife, l. diesem Striche. S. 45. Z. 4. statt argentea, l. argenteis. S. 50. Z. 3. statt utraque, l. utroque. Z. 29. statt macht, l. enthält. S. 51. Z. 29. statt Einschnitt, l. Einschnitte. S. 53. Z. 9. statt Hackenförmig, l. Hakenförmig. S. 55. Z. 19 statt griseo-ciliatae, l. griseo ciliatae. S. 56. Z. 26. statt braun, l. Graubraun. Z. 28. statt des, l. der. Z. 30. statt s, l. t. S. 58. Z. 22. statt zu, l. zum. Z. 28. statt Einschnitt, l. Einschnitte. S. 59. lezte Z. statt Einschnitt, l. Einschnitte. S. 62. lezte Z. statt Insects, l. Insekts. S. 66. Z. 19 statt ad basin utroque, l. ad basin alba utroque. S. 67. Z. 13. statt welche, l. welcher. S. 69. Z. 8. statt p. 243. sp. 620. l. p. 244. sp. 622. S. 76. Z. 6. statt caudatis, l. ecaudatis. S. 80. Z. 30. statt unten, l. unter. Statt ß, l. überall z.

fig: 1.

fig: 4.

fig: 7.

fig: 2.

fig: 5.

fig: 8.

fig: 3.

fig: 9.

fig: 6.

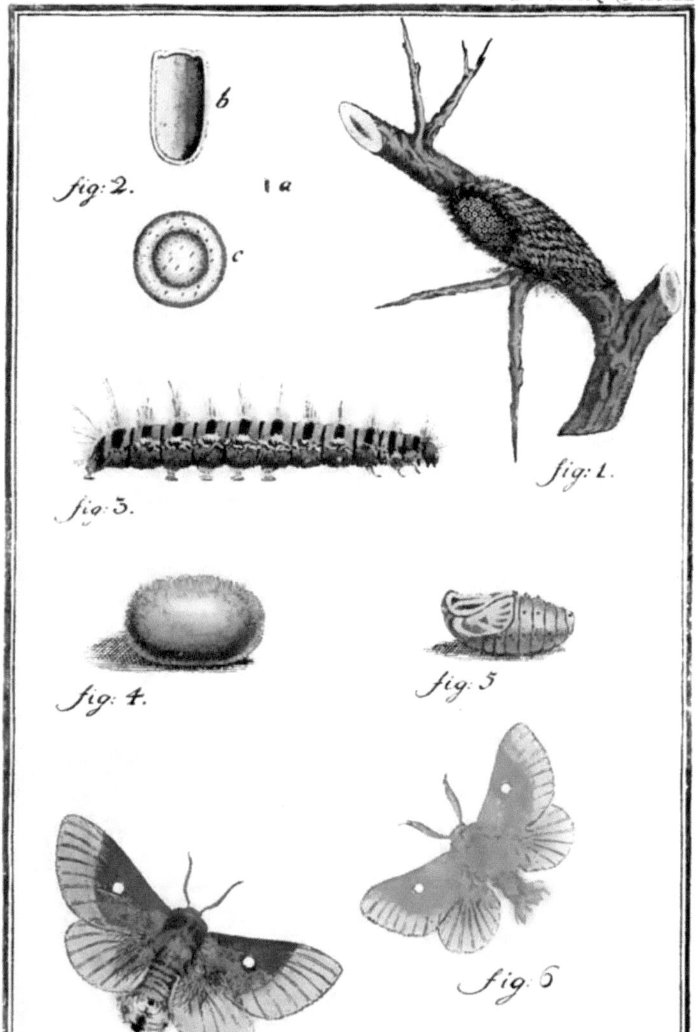

fig: 2.

b

1 a

c

fig: 1.

fig: 3.

fig: 4.

fig: 5

fig: 6

fig: 7.

fig: 8

A. W. Knoch delin:

H. A. Schmidt sculps

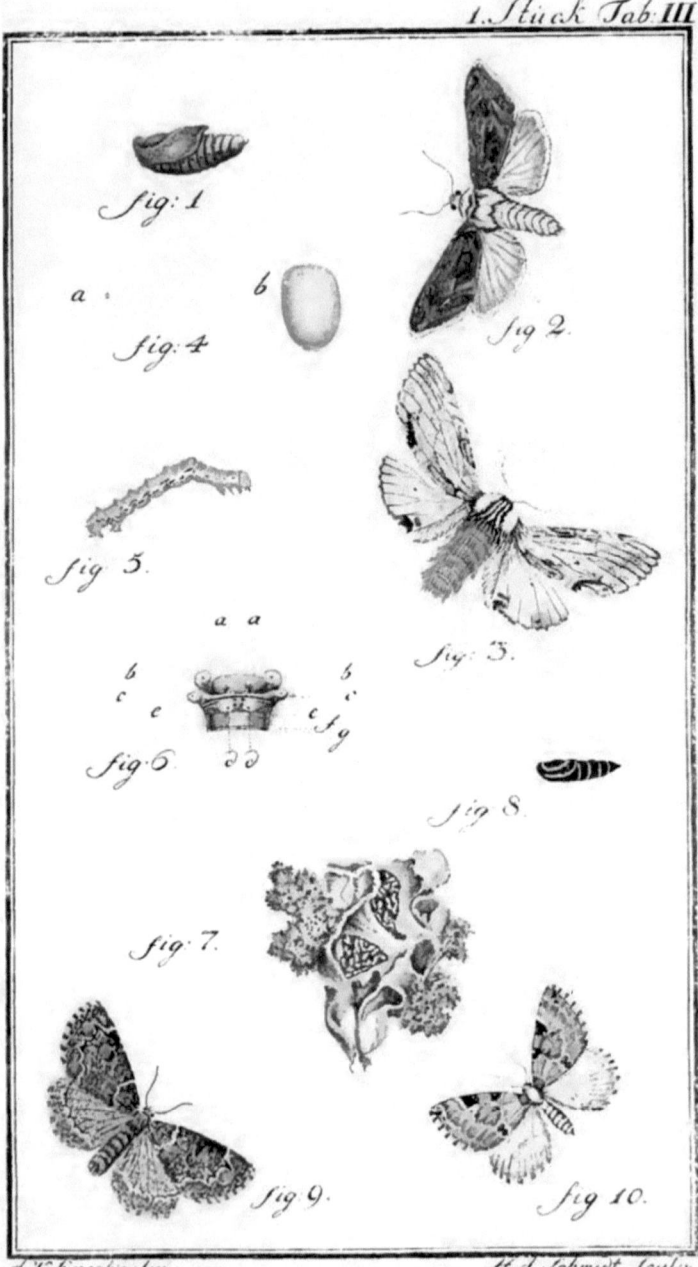

fig: 1

fig: 2

a. b

fig: 4

fig: 3

fig: 5

a a

b b

c c i

fig: 6 e f g
d d

fig: 8

fig: 7

fig: 9 fig: 10

A.V. Knoch del: H.A. Schmidt sculp:

fig: 1.

fig: 2.

fig: 3.

fig: 4.

fig: 5.

fig: 6.

fig: 7.

fig: 8.

fig: 9.

A. W. Knoch delin:

H. A. Schmidt sculps.

fig. 2.

fig: 1.

fig. 3.

fig: 4.

fig. 6.

fig: 5.

A.W. Knoch delin:

H.A.Schmidt sculps: